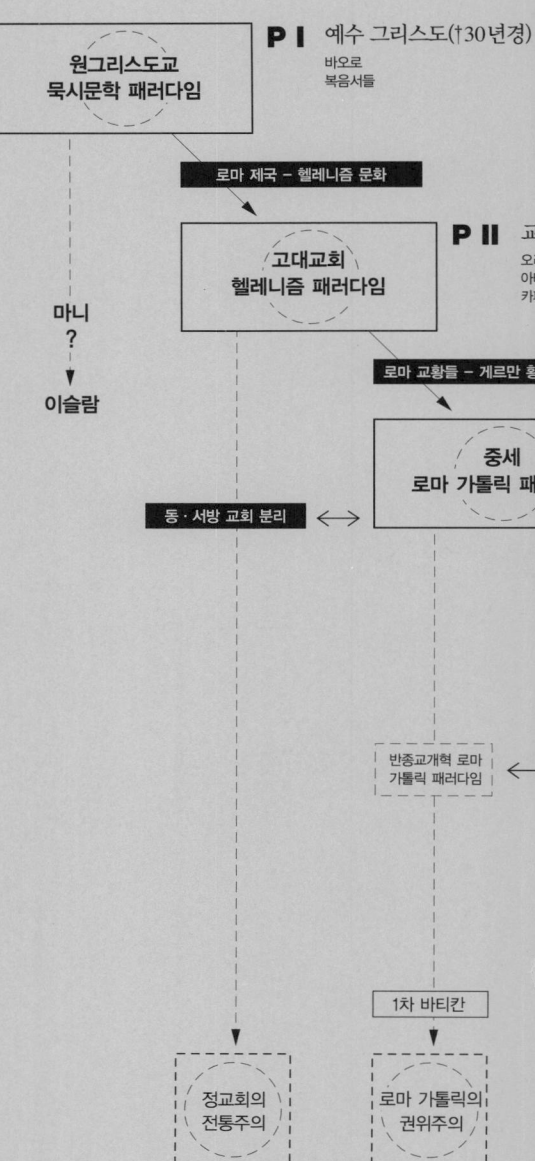

그리스도교의 패러다임 전환

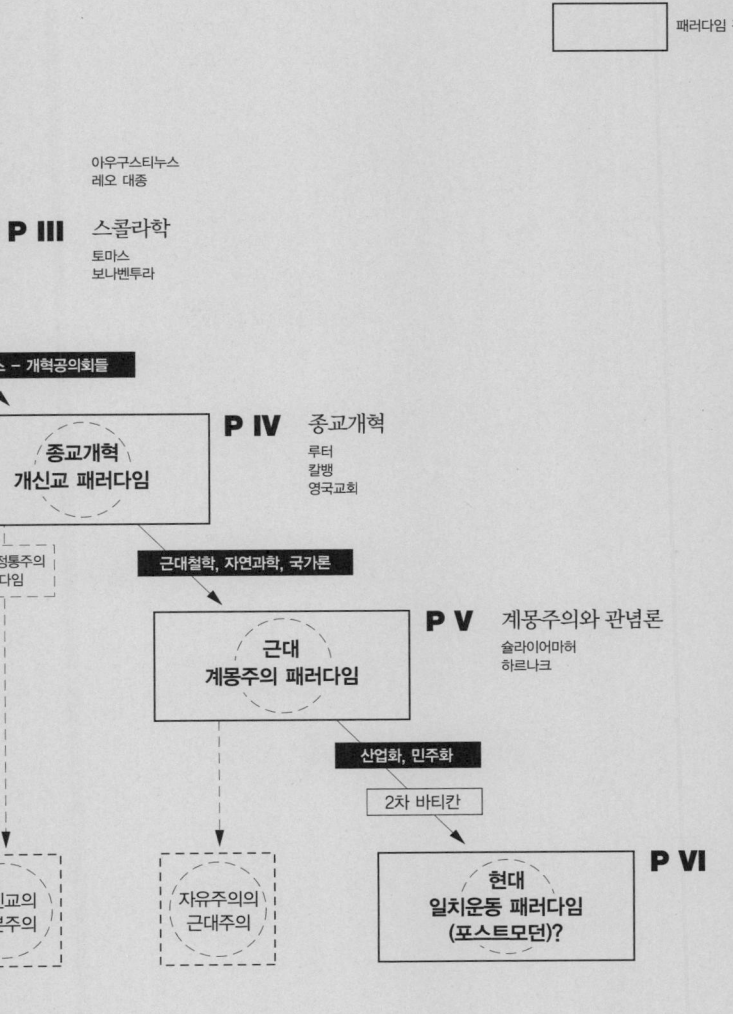

그리스도교 여성사

© Hans Küng
DIE FRAU IM CHRISTENTUM

Copyright © 2001 Piper Verlag GmbH, München
All rights reserved.

Translated by Lee Jong-Han / Oh Sun-Ja
Korean Translation Copyright © 2011 Benedict Press
Waegwan, Korea.
Korean translation edition is published by arrangement with
Hans Küng.

그리스도교 여성사
2011년 7월 초판
옮긴이 · 이종한/오선자 | 펴낸이 · 이형우
ⓒ 분도출판사
등록 · 1962년 5월 7일 라15호
718-806 경북 칠곡군 왜관읍 왜관리 134의 1
왜관 본사 · 전화 054-970-2400 · 팩스 054-971-0179
서울 지사 · 전화 02-2266-3605 · 팩스 02-2271-3605
www.bundobook.co.kr
ISBN 978-89-419-1110-4 03230
값 9,000원

이 책의 한국어판 저작권은
Hans Küng과 독점 계약한 분도출판사에 있습니다.
저작권법에 의해 한국 내에서 보호를 받는 저작물이므로
무단 전재와 무단 복제를 금합니다.

한스 큉
그리스도교 여성사

2천년 그리스도 교회사,
박탈당한 절반의 진실

이종한 · 오선자 옮김

분도출판사

옮긴이의 말

"여성신학자들에게 아픈 깨우침을 받았다"(한스 큉 『믿나이다 — 현대인을 위한 사도신경 해설』, 이종한 옮김, 분도출판사 1999, 48쪽)라고 고백한 적도 있는 한스 큉은, 대작 『그리스도교』에서 큰 단락마다 각별한 정성으로 여성 문제를 다루었습니다. 그런데 천 쪽이 넘는 그 책에서 곳곳에 흩어져 있는 여성 관련 부분들을 일일이 찾아 읽기도 번거롭고 맥락을 잇기도 쉽지 않던 차에, 독자들의 바람에 부응하여 저자와 출판사가 이렇게 한눈에 조망할 수 있는 책으로 묶어 펴낸 것을 기쁘게 생각합니다.

옮긴이들은 『그리스도교』의 번역문을 다시 한번 꼼꼼히 살펴 더러 손질했고, 큉이 덧붙인 부분은 새로 번역했습니다. 모쪼록 이 작은 책자가 '여성 문제'와 여성신학에 관심 있는 독자들에게 작으나마 도움이 되기를 바랍니다.

2011년 5월 이종한, 오선자

머리말

대부분의 세계종교에서 '여성'은 '골치 아픈 문제'다. 오랜 옛날부터 세상 어디서나 여성은 남성에게 종속되었고, 가정 · 정치 · 경제에서 열등한 위치에 있었으며, 이런저런 권리들은 물론이고 종교 예식 참석조차도 제한을 받아 왔다. 여성들이 간절히 바라는 동등한 권리가 성취되지 않은 것은, 그리스도교에서만이 아니다.

그러나 여성의 동등한 존엄성과 권리가 그리스도교 내에서 상당한 폭발성을 지닌 문제로 대두되고 있음은 누구도 부인할 수 없다. 최근 여성 해방이, 특히 개신교와 영국 성공회와 古가톨릭교회에서 어느 정도 진전된 것은 기뻐할 만한 일이다. 하지만 사제의 결혼을 허용하는(물론 주교에게는 불허됨) 동방정교회와, 특히 로마 가톨릭교회에서 여성들은 — 온갖 공식적인 봉쇄에 저항하여 공동체 차원에서 자신들의 지위를 향상시키려 애썼음에도 불구하고 — 여전히 열등한 위치에 머물러 있다. 여성의 부제·사제 서품 금지는 여전히 요지부동이며, 피임·낙태·이혼에 대한 부정적이고 가혹한 입장은 사실상 거의 여성들에게만 희생을 강요하고 있다. 또한 제2차 바티칸 공의회(1962~1965) 이전의 정신으로 '새로이' 편찬한 로마 가톨릭교회 법전도 철두철미 남성 중심적이다. 신학교 교수직에서도 여성들은 되도록이면 기피된다.

이 모든 것의 근거로 로마 교황청 쪽에서는 '전통'을 들이댄다. 그래서 이 책은, 지면이 허용하는 한, 그리스도교의 2천 년 여성사를 살펴보고자 한다. 그러면서 원래는 전혀 다른 모습을 지녔던 공동체 구조가 어떻게 변형되어 왔는지 그 과정들을 따져 물을 것이다.

고백하건대, 나는 신학자로 참여했던 제2차 바티칸 공의회에서야 비로소 교회 안의 여성 지위 문제를 인식하게 되었다. 68 운동은 교회 안에서도 여성운동을 촉진시켰다. 피임을 반대하는 교황 바오로 6세의 회칙 「인간 생명」(1968)은, 내가 『무류하다고?』(1970)라는 제목의 책으로 이유 있는 '문제 제기'를 하게 된 직접적 계기였다. 이 문의에 대해 바티칸은 답변 대신, (적법하지 않게 시행된) 종교재판을 통해 1979년 12월 18일 교회 내의 교수직 박탈이라는 벌을 내렸다.

1980년 이후 나는 튀빙겐 대학에서 학과에 매이지 않게 되었고, 이런 새로운 입장은 오히려 오래전부터 관심을 두었던 분야들(세계 종교, 세계 평화, 세계 윤리, 세계 문학, 특히 그리스도교에서 여성의 역할)의 연구에 집중할 수 있는 좋은 기회가 되었다.

이미 1981년 여름 학기에 나는 조교였던 안네 옌센Anne Jensen 박사와 함께 '여성과 그리스도교'를 주제로 세미나를 개최했는데, 튀빙겐 대학 교수 몰트만벤델Elisabeth Moltmann-Wendel 박사와 현재 미국의 브랜다이스 대학 교수인 브루튼Bernadette Brooten 박사 등도 참여했다. 내가 폴크스바겐 재단에 '여성과 그리스도교'라는 연구 프로젝트를 신청하기로 결정한 것도 이분들 덕분인데, 이 프로젝트는 1982~1987년 이런 종류의 연구로는 처음으로, 내가 소장으로 있던 튀빙겐 대학교 교회일치연구소 주관으로 수행되었다.

이 프로젝트의 특징은 시대적 대극성對極性이었던바, 한편으로는 그리스도교 초기를, 다른 한편으로는 20세기를 특별히 연구했다. 여성사는 그때까지 역사 전승 과정에서 가치를 거의 인정받지 못했기 때문에, 양쪽의 부분 프로젝트는 무엇보다도 각기 여성 자신의 눈으로 여성사를 재구성해야 하는 수고로운 과정이었다. 어려움이 많았지만, 몰트만벤델 박사가 성실히 도와주어, 양쪽 프로젝트를 옌센 박사와 도리스 카우프만Doris Kaufmann 박사가 성공적으로 완수할 수 있었다. 이 '여성과 그리스도교' 연구 프로젝트의 최종 보고서(1993)와 교회일치연구소의 보고서(1964~1996)에는 여성과 그리스도교의 문제와 관련된 수많은 강의·세미나·위촉 강의·학회에 관한 자료와 여성신학에 관한 자료들이 수록되어 있다(두 보고서는 튀빙겐 대학교 교회일치연구소에서 제공받을 수 있다).

나는 삼부작 『우리 시대의 종교 상황』의 둘째 권 『그리스도교 — 본질과 역사』(1994; 이종한 옮김, 분도출판사 2002)에서 그리스도교에서의 여성 역할을 각별히 연구한 바 있다. 그리스도교의 다양한 패러다임들에 대한 분석의 테두리 안에서 여성의 역할을 살펴보았는데, 이러한 작업이 과거를 통해 현재를 바로 보는 것을 가능하게 해 주었다(책 앞뒤 면지의 도표 참조).

그 패러다임들은 다음과 같다:
- 원그리스도교의 유다계 묵시문학 패러다임(P I)
- 고대 그리스도교의 보편적 헬레니즘 패러다임(P II)
- 중세의 로마 가톨릭 패러다임(P III)
- 종교개혁의 개신교 패러다임(P IV)
- 근대의 계몽주의(이성과 진보) 패러다임(P V)
- 수많은 단초들에서 뚜렷이 드러나는 포스트모던 에큐메니칼(일치운동) 패러다임(P VI)

『그리스도교 — 본질과 역사』에서 각각의 패러다임과 연계하여 여성의 역할을 명시적으로 다루었지만, 천 쪽이 넘는 그 책에서 여러 다른 역사적인 발전들과 비교하면 여성의 역할에 관한 부분들은 뒷전으로 밀리기 십상이고 그 맥락을 뚜렷이 인식하기도 쉽지 않기 때문에, 책 전체에 흩어져 있는 그 부분들을 따로 모아서 조금 손질하고 덧붙여 별도의 한 권으로 묶은 것이 이 책이다. 덕분에 이제 그리스도교 여성사 전체를, 현재를 염두에 두고, 한눈에 제법 뚜렷이 조망할 수 있게 되었다.

이 책이 생겨나게 된 과정은, 내가 서방교회의 관점에서 서술할 수밖에 없었던 까닭도 아울러 밝혀 준다. 동방정교회뿐 아니라 남반구 교회 안에서 여성의 역할도 다른 맥락에서 다룰 생각인데, 여기서는 부득이 빼놓아야 하겠다.

덧붙여, 필자가 집중하고 있는 세계 윤리 프로젝트와 관련된 이런저런 바쁜 일들 때문에, 최근 출간된 연구서들을 참고문헌에 추가할 수 없었다. 관심 있는 독자들은 *Journal of Feminist Studies in Religion*과 *Jahrbuch der Europäischen Gesellschaft für die Theologische Forschung von Frauen* 그리고 국제 신학 잡지 *Concilium*의 여성신학 관련 호들, 특히 '여성 사제 서품에 대한 거부'를 주제로 다룬 1999년 6월 호를 참조하기 바란다.

모쪼록 패러다임 구분을 통한 이 책의 분석들이 여러 교회 안에서 논의되고 있는 절박한 시대적 문제들을 해결하는 데 도움이 되기를 희망한다.

2001년 3월 8일 세계 여성의 날
튀빙겐에서 한스 큉

차례

옮긴이의 말 _ 5
머리말 _ 6

1장 원그리스도교의 여성 _ 15
   1. 여성의 역사이기도 하다 _ 17
   2. 예수, 여성의 친구 _ 18
   3. 유다계 그리스도교 예수 운동에서의 여성 _ 21
   4. 가부장적 교계제도가 아니다 _ 24
   5. 일시적 구조들 _ 25
   6. 여성 사도와 예언자? _ 27

2장 초기 교회의 여성 _ 29
   1. 바오로 교회의 여성 사도와 예언자 _ 31
   2. 여성의 지위를 둘러싼 갈등 _ 35
   3. 영지주의: 여성을 위한 기회 _ 37
   4. 여성, 역사의 패배자 _ 41
   5. 여성 순교자 · 예언자 · 교사들 되찾기 _ 45
   6. 여성의 대안적 삶의 방식 _ 49
   7. 어두운 면 _ 51
   8. 그리스도교에 의한 여성 해방? _ 53
   9. 오늘날도 전통을 논거로? _ 55

3장 중세 교회의 여성 _ 59

1. 아우구스티누스: 원죄가 성을 손상시켰다 _ 61
2. 성 윤리에서의 엄격주의 _ 64
3. 종교 간 문제 _ 67
4. 독신 남자들의 교회와 결혼 금지령 _ 69
5. 토마스 아퀴나스: 여성은 결여된 존재다 _ 74
6. 가정·정치·경제에서의 여성 _ 79
7. 교회 안에서의 여성 배제 _ 86
8. 신비주의 빛과 그늘 _ 92
9. 마리아 공경 _ 95
10. 일치운동적 마리아상? _ 100

4장 종교개혁 시대의 여성 _ 109

1. 루터 종교개혁의 근본 동인 _ 111
2. 여성의 지위 변화 _ 113
3. 부부 공동체 _ 115
4. 여전히 가부장적인 사회구조 _ 117
5. 칼뱅파와 영국 교회에서의 여성 _ 119

6. '군소 교파들'에서의 여성 해방? _ 122
7. 마녀 _ 124
8. 누가 마녀 망상에 책임이 있는가? _ 127
9. 왜 마녀 망상이 생겨났는가? _ 131

5장 근대와 포스트모던 시대의 여성 _ 135

1. 철학의 혁명과 여성 _ 138
2. 정치적 혁명과 여성 _ 141
3. 산업혁명과 여성 _ 142
4. 교회는 여성 해방을 방해했는가, 촉진시켰는가? _ 146
5. 근대 가톨릭에서의 상황 _ 149
6. 근대 개신교에서의 상황 _ 151
7. 탈현대 세계로 _ 157
8. 페미니스트 운동 _ 160
9. 교회에 대한 비판적 물음 _ 162
10. 미래의 교회: 자유 · 평등 · 형제자매애의 공동체 _ 164
11. 구체적인 개혁 요구 _ 166
12. 포기하지 말자! _ 170

주 _ 173

1장 원그리스도교의 여성

그리스도인들의 그리스도이신 예수 친히 여성은 누구도 '사도'로 선택하지 않았다는 사실이, 오늘날까지 로마 가톨릭교회에서 여성들이 지도적 역할을 맡거나 '사제'(주교'는 말할 것도 없다)로 서품될 수 없는 근본 이유다. 거의 2천 년이나 지난 지금, 그리스도인 첫 세대들의 일상적인 삶을 뚜렷이 밝혀낸다는 것은 사실 매우 어려운 일이다. 과연 우리는 그들의 평범한 일상, 나날의 근심·걱정·기쁨에 관해 아는 게 거의 없다. 아무튼 이 역사의 주인공들은 누구였고, 원공동체의 모습은 어떠했던가?

1. 여성의 역사이기도 하다

원공동체'의 역사를 이해하기 위해서는, 다음 세 가지를 알아 두어야 한다:

- 우선 이 역사는 로마인이나 그리스인들의 역사가 아니라 **토박이 유다인들**의 역사다. 팔레스티나·헬레니즘 문화권 안에 살면서 아람어나 그리스어를 사용했던 그들은, 막 성장을 시작한 교회에 유다교의 언어와 표상세계와 신학을 전해 주었으며, 그리하여 (뒤이은 이방계 그리스도교계는 물론이고) 후대 그리스도교계 전체에 오늘에 이르기까지 지워지지

않는 결정적 영향을 끼쳤다. 그리스도교의 **첫 번째 총체적 상황**(P I)은 **유다·그리스도교적**이었다.
- 또한 이 역사는 대부분의 역사 서술이 초점을 맞추는 상층 계급의 역사가 아니라, 보통은 아무도 기록해 주지 않는 **하층 계급 사람들**(어부·농부·장인·영세민 등)의 역사다. 그리스도인 첫 세대들은 최소한의 정치적 세력도 지니지 못했으나, 종교적·정치적 기존 체제 안의 번듯한 입지를 애써 얻고자 하지도 않았다. 그들은 당시 사회에서 보잘것없고 힘없고 괴롭힘당하고 의심받던 변두리 집단이었다.
- 특히 중요한 것은, 원공동체의 역사는 애당초 남성만의 운동사가 아니라 예수를 따르던 **여성들**의 역사이기도 하다는 사실이다. 여성도 제자로 부른 예수의 행동은 당시 관습을 거스르고, 기존의 가부장적 구조를 침해하는 것이었다.

2. 예수, 여성의 친구

나자렛 예수 당시, 여성들은 사회에서 거의 존재 의미가 없었다. 여자들은, 여러 문화권에서는 오늘날에도 그렇듯이, 공적인 남자들의 모임에서 멀리 떨어져 있어야만 했다. 당시의 유다교 자료들은 여성에 대한 적대감으로 가득 차 있다. 유다인 역사가 요세푸스에 따르면, 여성은 모든 면에서 남성보다 열등한 존재다.[2] 제 아내와 이야기하는 것조차 삼가는 게 좋다고들 충고했으니, 다른 여자와 이야기하는 것은 있을 수 없는 일이었다. 여자들은 되도록이면 공적인 세상과 관계를 끊고 살았다. 성전에서는 여자들의 뜰까지만 들어갈 수 있었다. 기도 의무에서는 노예들과 동급이었다.

그러나 복음서들은, 전기적 세목細目들의 사실성史實性이 어느 정도이든 간에, 여성들과 예수의 관계를 거리낌 없이 전해 준다. 복음서들에 따르면 예수는 여성들을 차별하던 당시의 관습에서 벗어나 있었다. 여성들을 멸시하지 않았을 뿐만 아니라 놀랍도록 자연스럽게 대했다. 여성들은 예수와 제자들을 갈릴래아에서 예루살렘까지 동반했다. 이름이 꼬집어 불리는 요안나와 수산나, 작은 야고보와 요세의 어머니 마리아, 살로메, 그리고 맨 앞자리의 막달라 마리아[3] 외에도, '많은 다른 여인'이 있었다. 여성들에 대한 인간적 애정은 예수에게 낯선 것이 아니었다.[4] 가진 것도 일정한 거처도 없이 떠돌던 제자들은 마르타와 마리아처럼 호의적인 여성과 가정들의 적극적 뒷받침을 받았다.

예수가 종말에 열두 지파로 이루어진 백성을 대표할 열두 제자단에 남자들만 선택한 것은 확실하다. 하지만 이 열둘이 처음부터 '사도'로 불렸던 것은 아니다.[5] 예수의 부활을 믿음으로써 '파견된 사람들'인 '사도들'은 수적으로 훨씬 큰 집단[6]이었고, 여기엔 여성들도 포함될 수 있었다. 예수 사후死後 한 세대가 더 지난 뒤, 복음사가 루카가 처음으로 '열둘'을 '사도들'과 동일시했다. 아무튼 광범위하고 느슨했던 예수의 제자단에서 여성들이 중요한 역할을 했음은 분명하다. 이 여성 제자들은 스승이 죽는 순간까지 신의를 지켜 십자가 아래 있었으며 매장을 지켜보았다. 그러나 열둘은 벌써 줄행랑을 쳤고, 그중 한 명은 스승을 배반하기까지 했다.[7]

가족을 적대시하는 듯한 예수의 언설[8]은 다음과 같은 맥락을 고려하여 이해해야 한다: 아버지의 뜻을 실천하는 사람들이 바로 '하느님의 가족' 안에서 예수의 형제요 자매이니, 이들에게 혈연관계는 부차적이며 남녀의 성별은 전혀 의미가 없다. 이 나자렛 사람 자신은 비록 결혼하지 않았지만, **독신을** 당신을 추종하기 위한 조건으로 들이밀지도 **않았다**. 어떠한 경우에도 예수를 끌어대어 독신법을 정당화할 수는 없으며, 사실 히브리어 성경(구약성경)에도 독신을 찬양하는 구절은 전혀 없다. 사도들은 기혼이었고, 또 결혼생활을 계속 유지했다(바오로는 자신은 예외라고 했다).[9] 당시 사회에서 법적·사회적으로 보잘것없던 여성의 지위는 예수의 이혼(유다교에서는 남편만이 이혼 증서를 교부할 수 있었다!) 금지령을 통해 현저히 향상되었다.[10] 이 이혼 금지령(마태오 복음서는 '불륜을 저지른 경우'에는 예외를 인정한다) 역시, 다른 계명들과 마찬가지로, 실패와 용서를 배제하지 않는 일종의 목적 계명이다.

예수는 하느님을 정겹게 "아버지", "사랑하는 아버지", "아빠"라고 불렀다. 하지만 그로써 하느님이 남성임을 강조하려 했던 것은 물론 아니다. 하느님께 아버지란 이름을 적용하는 것은, 그분 자신 안에 성性의 구별이 있음을 의미하는 게 아니다. '하느님'이란 낱말은 남성적으로 전용專用되어선 안 된다. 하느님은 결코 남자가 아니다. 이미 히브리어 성경에서도 하느님은 여성적·모성적 특성들 또한 지니고 있다. '아버지'라는 칭호는 인간과 성을 초월하는 하느님 실재實在의 가부장적 상징(유비)일 뿐이니, 과연 하느님은 모든 여성적·모성적인 것의 원천이기도 하다. 그러므로 이 칭호가 사회적 부권주의를 정당화하는 종교적 근거로 이용되어서는 결코 안 된다.

3. 유다계 그리스도교 예수 운동에서의 여성

오늘날의 연구 결과에 따르면, **여성들**이 예수 제자단에서만이 아니라 원그리스도교에서도, 신약성경 본문에 기록되어 있는 것보다 훨씬 중요한 역할을 했음은 의심의 여지가 없다. 신약성경 자료들을 곧장 '여성 신학'의 시각에서 연구·분석한 것은, 특히 독일계 미국인 신약성서학자 **피오렌차**의 공헌이다. 그녀의 연구는 초기 유다계 그리스도교의 예수 운동에서는 남녀 제자들 '모두를 동등하게 대우하고 참여시키는 관례'가 있었음을 확인해 준다. "그들 대부분은 '소유로부터 자유로워지기 위해' 사유재산과 높은 사회·문화적 지위를 거부하는 선택을 했던 견유학파 철학자들처럼 부유하지 않았다. 오히려 그들은 매우 가난하고 굶주리고 고달픈 삶의 짐을 진 시골 민중들 가운데서 부름 받은 사람들이었다. 세리·죄인·여자·어린아이·어부·주부 들이었으며, 질병에서 치유되고 악령들의 종살이에서 풀려난 사람들이었다. 예수의 제자들이 제공했던 것은 대안적 생활양식이 아니라, 대안적 윤리(Ethos)였다. 그들은 멋진 미래는 몰랐지만, 뭐라 해도 새로운 희망을 품은 사람들이었다. 내쳐지고 변두리로 밀려난 사람들이었으나, 이제는 뭐라 해도 새로운 친교(공동체)를 선사받아 누리고 있었다."[11]

초기 유다계 그리스도교 공동체에서 여성들이 카리스마를 지닌 유랑 설교자로도 어느 정도 활약했는지는 막연한 추측밖에 할 수 없다. 이 문제는 "예수 운동을 비유다인들에게로 확장시키는 데 여성들이 결정적 역할"[12]을 했다는 주장과 마찬가지로,

역사상 확실히 입증되지 않는다. 그러므로 이런저런 성경 본문들(예컨대 마르 7,24-30의 시리아 페니키아 여자 이야기)에서 여성들의 '역사적 주도 역할'[13]이나 나아가 '여성들의 지도적 지위'[14]를 추론해 내는 것은 삼가야 한다. 이 말은 예수와 아주 가까웠던 제자 무리에서 필시 가장 중요한 여인이던 마리아 막달레나의 역할에도 해당된다.

아무튼 예수의 활동이 평등한 사람들로 이루어진 추종 공동체가 생겨나도록 했다는 중요한 깨달음을 소중히 간직해야 하거니와, 사실 이 공동체의 관점에서 본다면 오늘날의 교회 상황은 비판할 것이 많다. 가부장 제도에 대한 단호한 비판이 예수 운동의 본질적 구성 요소는 아니었지만, 뭐라 해도 피오렌차의 의견은 옳다. "누구도 배제되지 않았다. 모두가 초대받았다. 남자들과 똑같이 여자들도, 바리사이들과 마찬가지로 창녀들도 부름받았다. 큰 잔치 비유는 청중들에게 하느님 나라는 모든 사람을 포용한다는 깨달음을 박아 준다. '첫 번째로' 초대받았으나 거절한 사람들은 쫓겨나게 된다는 것을 경고·환기시켜 준다. 예수의 주된 이상은 선별된 사람들의 거룩함이 아니라, **모든 사람**의 구원이다. 그래서 예수는 자신의 비유 속 상징들을 여자들의 세계에서도 빌려 왔다. 그의 치유와 구마 행위는 여자들을 온전히 고쳐 주었다. '종말론적 반전反轉'에 대한 예수의 통고(첫째가 꼴찌 되고, 꼴찌가 첫째 되는 사람들이 많을 것이다)는 여성들에게도, 가부장적 구조들에 의해 부서진 그녀들의 실존에도 해당된다."[15]

4. 가부장적 교계제도가 아니다

예수 자신이 '조상들'과 그들의 전통을 상대화했고 제자단에 여성들도 불러들였으며 나아가 아이들의 소중함까지 명백히 인정한 사실에 비추어 볼 때, 가부장적 교계제도가 자신의 근거로 예수를 내세우는 것은 있을 수 없는 일이다. 우리는 예수 그리스도에 대한 믿음 안에서 모인 유다계 그리스도교 패러다임(P I)의 원교회를, 단어의 참의미대로, **민주적**이었다고 말할 수 있을 것이다(아무튼 결코 귀족적이거나 군주제적이지 않았다): **자유와 평등과 형제자매애의 공동체**. 과연 이 교회는

- 지배 제도나 나아가 거대한 종교재판소가 아니라, 자유인들의 공동체였고
- 계급·인종·신분·관청 교회가 아니라, 원칙적으로 평등한 사람들의 공동체였으며
- 가부장적으로 통제되는 개인숭배 제국이 아니라, 형제자매들의 공동체였다.

물론 여기서, 이 초기 교회에서 모든 구성원이 원칙적으로 평등했고 근본적으로 동등한 권리와 의무를 지니고 있었지만, 그것이 은사와 직무의 다양성을 무질러 버리는 **획일적 평등주의를** 의미했던 것은 **아니라는** 사실을 유념해야 한다. 오히려 루카에 따르면, "한마음, 한뜻"[16]이었던 예루살렘 원공동체 안에도 이미 서로 대립하는 사람들과 다양한 직책, 분화된 기능, 일시적 구조가 존재했다.

5. 일시적 구조들

성경 본문들에 근거하건대, 신앙 공동체 안에는 처음부터, 묵시문학적 종말 임박 기대에도 불구하고, **일시적 구조들**이 존재했다는 사실을 간과해서는 안 된다. 특히 **열두** 사도 동아리와 사도행전에서 "그리스계 사람들"로 지칭되는 **일곱** 봉사자 동아리가 있었다.

여기서, 예수를 추종하던 예루살렘 공동체는 예수 사후 아람어를 사용하던 유다인들로만 이루어져 있었던 것이 아니라, 작지 않은 부분은 **그리스어를 사용하던 그리스계 유다인들**로 구성되어 있었음을 추론할 수 있다.

사도행전 6장 1절이 전해 주는, **날마다 행해지던 과부 구호를 둘러싼 갈등**은, 이미 원공동체 자체 안에 존재하던 "그리스계 사람들"과 "히브리계 사람들" 간의 현저한 분리 현상을 반영하는 것으로 보인다. 이러한 분리는 이 두 유다계 그리스도인 집단이 필경 따로 회당이나 가정 집회를 가졌으며, 거기서는 예배 중에 성경을 각기 자기네 언어(히브리어 또는 그리스어)로 봉독함으로써 더욱 심화되었다.

그리스어를 모국어로 사용하던 이 그리스계 유다인 그리스도인들(이들은 사회·문화적으로 헬레니즘의 영향을 받은 디아스포라 유다교의 도시적 환경 출신으로서, 본토 유다인들보다 개명했기에 정신적으로도 더 적극적이었다)은 스테파노 동아리(모두 순수한 그리스 이름을 지닌 '일곱')가 이끌었던 것 같다. 이 동아리는 상당히 독자적이었고, "히브리계 사람들"을 대표하던 사도단(이스라엘 열두 지파를 나타내는 '열둘')과 병립했던 것 같다. 다시 말해서, 이 '일곱'은 한 세대 뒤에 루카가 사도행전에서 보도하는 것과는 달리, '열둘' 휘하의 단순한 빈민 구호 담당자들이 아니었다. 오히려 이미 당시에 예루살렘에서 적극적으로 선교하던 '독자적 공동체 집단의 지도부'였다고 보아야 할 것이다.

6. 여성 사도와 예언자?

'열둘'이나 '일곱'만이 사도였던 것이 결코 아니니, **원조 증인들**과 **원조 사자**(使者)들로 여겨지던 모든 사람, 즉 첫 증인들로서 그리스도의 복음을 선포하고 공동체들을 창설·지도한 사람들 모두가 사도였다. 사도 칭호가 여자들에게도 부여되었는지는 유다계 그리스도교에서는 거의 입증되지 않는다. 그러나 이방계 그리스도교 영역에서는 사정이 달랐다. 반면 유다계 그리스도교에는, 흔히 간과되고 있거니와, 맨 처음부터 **남자 예언자**들과 나란히 **여자 예언자**들도 있었음이 확실하다. 사도행전은 하가보스·유다·실라와 더불어, 필리포스의 네 딸을 분명히 예언자로 지칭하고 있다.[17] 그 밖에 여러 유형의 복음 선포자와 협력자들도 있었는데, 여기에도 여자들이 상당수 포함되어 있었다.

그러면 교회의 **직무**들은 어떠했던가? 당시 신앙인들은 교회에서의 다양한 봉사와 소명을 결코 직무라고 지칭하지 않았다. 사실 신약성경은 교회의 기능들과 관련하여 '직무'에 해당하는 세속 개념들의 사용을 삼가는데, 까닭이 없지 않았다. 그런 개념들은 지배관계를 표현하고 있기 때문에, 그리스도교 공동체로서는 그대로 넘겨받고 싶지 않았던 것이다! 그 대신 하나의 대(大)개념이, 관청·공권력·지배·고위직·권좌 따위를 전혀 연상시키지 않는, 상당히 하찮은 뉘앙스를 지닌 아주 평범하고 비종교적인 낱말이 사용되었으니, 바로 **'디아코니아'**(diakonia, 봉사)다. 본디 식탁 시중을 의미하는 이 낱말을 사용하게 된 데는, 제자들의 식탁 시중을 들었던 예수 자신이 확고한 본보기로 자리 잡고 있었음이 분명하다. 이런 맥락을 염두에 두어야만, "누구든지 첫째가 되려면, 모든 이의 꼴찌가 되고 모든 이의 종이 되어야 한다"라는 말씀이 여섯 번 씩이나 병행문으로 전해져 오는[18] 까닭을 이해할 수 있다.

2장 초기 교회의 여성

인간들의 공동사회에는 통상적으로 많은 임무·직책·기능이 있으며, 신약성경도 그리스도교 공동체 내의 일련의 기능(직무)들을 구별하고 있다. 복음 선포 기능은 사도·예언자·교사·설교자·권고자가 담당했고, 그다음 자선·구호 기능은 남녀 봉사자·구호담당자·간병자·공동체 봉사 과부가 맡았으며, 끝으로 공동체 지도 기능은 첫 회심자·책임자·감독·지도자가 담당했다.

1. 바오로 교회의 여성 사도와 예언자

바오로 사도(그의 공동체들이 우리에게 가장 잘 알려져 있다)는 공동체 안의 이 **모든** 기능(특정 '직분들'만이 아니라)을 하느님의 영과 고양되신 그리스도가 주신 선물로 이해했다. 이런 기능을 수행하는 사람들은, **공동체에서 특정한 봉사를 하도록 하느님께 불리었다**고 스스로 느낄 수 있었다. 그러한 성령의 은사를 바오로는 그리스어로 간단히 **카리스마**_charisma_라고 부른다. 개신교 주석학자 케세만은 바오로 서간에 나타나는 교회의 카리스마적 차원을 뚜렷이 밝혔다. 바오로에 따르면, 오늘날 성령운동을 열심히 하는 공동체들이 매우 중시하는 특이한 현상(신령한 언어, 치유 등)뿐 아니라,

위로 · 훈계 · 지식 · 지혜의 말 · 영의 식별 등의 은사처럼 극히 일상적이고 이른바 '안 보이는' 은사와 봉사도 카리스마, 곧 성령의 선물이다. 카리스마들은 특정 동아리 사람들에게만 주어지는 것이 아니다.

바오로 서간에서는 성직자 중심주의도 열광주의도 찾아볼 수 없다. 오히려 그 반대다. 바오로에 따르면, (지속적이건 일시적이건, 공공연하건 드러나지 않건) 실제로 공동체 건설을 위해 수행되는 봉사 **하나하나가 모두** 카리스마요 **교회**의 직무다. 그러한 개개의 구체적 봉사는 마땅히 인정과 복종을 받아야 한다. 공적이건 아니건 **각각**의 봉사는, 공동체의 유익을 위해 사랑으로 행해진다면, 고유한 권위를 지니게 된다.

확실한 것은, 이미 유다계 그리스도교 패러다임(P I)의 교회는 단어의 참의미대로 민주적이라 불리어질 수 있는 자유 · 평등 · 형제자매애의 공동체였거니와, 헬레니즘 패러다임(P II)을 선도한 **바오로의 공동체들**은 더욱 그러했다는 사실이다. 이 점을 가장 인상 깊고 뚜렷하게 보여 주는 것은 바오로가 갈라티아 공동체에 써 보낸 편지 구절이다: "그리스도와 하나 되는 세례를 받은 여러분은 다 그리스도를 (새 옷으로) 입었습니다. 그래서 유다인도 그리스인도 없고, 종도 자유인도 없으며, 남자도 여자도 없습니다. 여러분은 모두 그리스도 예수님 안에서 '하나'입니다."² 과연 바오로는 편지에서 여성들을 인상 깊게도 자신의 "동역자들"(synergoi)이라 부르는데, 글자 그대로 '함께 일하는 여자들'이란 뜻이다.

얼마나 많은 여성이 복음 선포에 적극 동참했는지를 알자면, **로마서 말미의 인사말**만 읽어 보아도 충분하다. 여기서 거명된 빼어난 인물 29명 가운데 10명이 여자다.³ 첫자리에 **포이베**가 나오는데, 그녀는 켕크레애 교회의 공식적 선교에 종사하고 있었다. 그녀는, "일꾼"(diakonos)으로 불리는 것으로 미루어, 가정 교회를 이끌고 있었던 것 같다.⁴ **유니아**는 특별히 중요한 여성이었으니, 심지어 바오로는 자신보다 먼저 그리스도를 믿은 그녀와 안드로니코스는 "**사도들** 가운데서도 출중"하다고까지 말한다.⁵ 사도(그리스어에는 여성형이 없다) 칭호는 바오로에게 최고의 존칭이었다. 아무튼 유니아는 (빌켄스가 옳게 확인했듯이) '수적으로 제한된 선도적인 선교사들 동아리'에 속해 있었던 듯한데, "그들에게는 '사도'로서의 특별한 권위가 주어졌고, 바오로 자신은 나중에야 그들에게 포함되었다. 그들은 열두 제자단보다 큰 동아리였다."⁶

바오로가 언급한 많은 여성이 "복음을 위해 애를 많이 쓴 사람들"이라는 것은 널리 알려진 사실이다. 이는 바오로가 사도들의 헌신을 표현하기 위해 애용하는 낱말이다.⁷ 필리피서에 따르면, 에우오디아와 신티케 같은 여인들은 바오로나 여타 남성 동료들과 똑같은 중요성을 지니고 있었으며, '복음을 위해 투쟁했다.'[8] 바오로가 넌지시 비추는 그녀들의 갈등은 분명 그에게 매우 중대했기에, 사도는 두 여인에게 화합을 권면한다. **프리스카**도 특별한 위치에 있었는데, 남편 아퀼라와 함께 바오로 서간에서 자주 언급된다.[9] 이 부부는 에페소에 가정교회가 모이는 집을 소유하고 있었던 것 같고,[10] 나중에는 로마에서도 자기네 집에서 신자들의 모임을 주도했던 듯하다. 통상 프리스카가 남편 아퀼라보다 먼저 언급되는 점으로 미루어, 선교사와 교회 건설자로서 이 여인의 각별한 중요성을 짐작할 수 있다.

여성 예언자들의 적극적 활동 역시 (신약성경이 이방인 그리스도교 지역에서 활동한 개개인의 신상에 관해선 더 이상 언급하지 않지만) 분명히 확인된다는 것을 앞에서 살펴보았다. 바오로도 그런 여성 예언자들을 알고 있었다. 사도는 코린토 교회에서 여성들이 예배 중에 예언을 할 때는 머리에 너울 쓰는 것을 의무로 만들고자 했는데, 이는 한편으로는 여성들이 공동체 집회에서 자유롭게 말할 수 있는 권리를 인정한 것이기도 했다. "어떠한 여자든지 머리를 가리지 않고 기도하거나 예언하면 자기의 머리를 부끄럽게 하는 것입니다."[11] 바오로가 생각하는 공동체, 에페소서에 따르면 "사도들과 예언자들의 기초 위에 세워

진"¹² 공동체는 **여성 사도들과 여성 예언자들의 교회**이기도 했다. 이 점, 의심할 여지가 없다. 그러므로 우리는 피오렌차와 함께 이렇게 간추려 말해도 되리라. "바오로 서간과 사도행전은 여성들이 초기 그리스도교 운동의 탁월한 선교사와 지도자들에 포함되어 있었음을 깨닫게 해 준다. 그녀들은 바오로와 마찬가지로 사도요 지도자였으며, 적지 않은 여성들이 동역자·설교자·복음을 위한 경주에서의 경쟁자였다. 그녀들은 가정교회들을 세웠고, 명망 있는 후원자로서 다른 선교사들과 그리스도인들을 뒷받침하기 위해 자신들의 영향력을 행사했다."¹³

2. 여성의 지위를 둘러싼 갈등

그러나 이미 코린토 교회에서 여성들의 공적 복음 선포를 둘러싸고 최초의 갈등들이 나타났고, 바오로조차 이중적으로 처신했다. 사도는 여성들이 설교할 권리는 옹호했지만, 머리를 가리도록 **너울 쓰는 것**을 관철시키기 위해, 초기 유다교의 여성 차별 논법¹⁴을 빌려 와 그리스도론적으로 더욱 강화했다. 즉, 남자는 여자의 머리이고 그리스도는 남자의 머리라는 것이었다.¹⁵ 몇십 년 후에 삽입된 몇몇 본문은 여성들이 공동체에서 **설교하는 것**

을 완전히 금지한다. 바오로가 코린토 전서 11장에서 여성들의 예언 설교의 권리를 명백히 인정했는데도, 같은 서간 14장에 "여자들은 교회 안에서 잠자코 있어야 합니다"라는 악명 높은 구절이 후대에 끼워 넣어졌다.[16]

이러한 발언 금지령은 이른바 사목서간에서 매우 가혹한 형태로 나타나는데, 이 서간들은 그 사도의 권위를 차용하여 후대에 쓰인 것들이다. "여자는 조용히 또 온전히 순종하는 자세로 배워야 합니다. 나는 여자가 남을 가르치거나 남자를 다스리는 것을 허락하지 않습니다."[17]

이 모든 것을 통해, 바오로가 갈라티아서에서 강조한 "그리스도 안에서" 남자와 여자의 일치(초기 그리스도교에서는 세례 때 이것을 고백했다)가 언제 어디서나 실제 행동으로 옮겨지지는 않았음을 알 수 있다. 유다인과 그리스인, 자유인과 종, **남자와 여자의 동등한 대우를 저지하려는 세력들**이 곳곳에서 활동하고 있었다. 마침내 이런 풍조가 득세하여, 신약성경에 언급된 여성들조차 갈수록 잊히고 그네들의 중요한 의의도 평가절하되었다. 그리하여 라틴어를 사용하던 서방에서는 로마서에서 사도로 지칭된 **유니아**를 수백 년 동안 남성인 '유니아스'로 둔갑시켜 버렸다.[18] 또한 (물론 신약성경에 나오지는 않지만) 설교하고 세례를 베풀던 사도들의 여제자 이코니움의 테클라도 세상을 등진 금욕 고행자로 바꿔 버렸다.[19] 나아가 공관 복음서가 갈릴래아 출신 여인들의 으뜸 격으로 묘사하는 **마리아 막달레나**도 요한 복음서에서는 십자가 밑에 있던 여자들 중 첫자리를 예수의 어머니 마리아[20]에게 빼앗기는데, 후자는 공관 복음서에서는 이상하게 십자가 아래 있지도 않았다. 물론 마리아 막달레나는 바로 그 요한 복음서에 '부활의 첫 증인'[21]으로 나오며, 이로 말미암아 훗날 심지어 '사도 중의 사도'라는 존칭으로 공경되기도 했다.[22] 그러나 이런 사실들로부터 남자들과 똑같이 복음을 선포할 수 있는 여성들의 권리를 뒷받침할 수 있는 근거들을 이끌어 내는 일은, 세월이 흐를수록 미미해졌다.

아마도 2세기의 영지주의 운동의 경우를 제외한다면, 여성의 지위 문제에서야말로 초기 그리스도교의 본디 '민주적'이고 '카리스마적'인 구조들이 점차 밀려나고, 갈수록 남성에게 유리한 제도화 과정이 진행되었음이 뚜렷이 드러난다.

3. 영지주의: 여성을 위한 기회

당시의 경향과 로마제국의 관심의 근저에 깔려 있던 것은 혼합주의(Synkretismus)였고, 시대의 표어는 (이미 바오로의 코린토 공동체에서처럼) **'영지'**(靈知, Gnosis: 깨달음, 인식)였다! 그러나 '영지'는 표어 이상의 것이었다. 고대 말엽의 거대한 종교적 운동의 하나였던 '영지'[영어와 프랑스어에선 '영지주의'(Gnosticism)라고도 함]는, 선택된 엘리트에게 인간·세계·하느님의 비밀에 관한 구원의 지식을 약속했다.

그러나 영지주의를 아무리 호의적으로 해석한다 해도, 그것이 **그리스도교에 끼친 위험**을 간과해서는 안 된다. 이른바 '아는 자들'인 그리스도교 영지주의자들[발렌티누스파·바실리데스파·배사(拜蛇)파 등 서로 경쟁하던 온갖 집단들]은 뭐라 해도 비신화적이고 역사적인 그리스도교의 원천에는 거의 관심을 기울이지 않았고, 단순히 '믿는 자들'의 소박한 교회적 신앙을 업신여겼으며, 역사에 뿌리박고 있는 그리스도교 메시지를 온갖 신화·상징·은유·표상·의식儀式을 동원하여 일종의 **신비신학**으로 변형시키려고 시도했다. 그들은 철저한 영신화靈神化와 현세 속박들로부터의 해방을 약속했고, 대체로 세상을 적대시하고 금욕하는 경향을 지니고 있었다(때로는 방탕적 경향도 보였다. 영지주의의 가장 중요한 자료인 이집트의 낙 함마디 문헌에 의해서는 입증되지 않지만!).

아무튼 그로써 원천적인 유다계 그리스도교 신앙이 모든 것을 집어삼키는 헬레니즘적 혼합주의의 소용돌이 속으로 사라질 뻔한 위험이 엄존하지 않았던가?

혼합주의의 위험은 실제적이고 심각했다. 어린 그리스도교계가 경우에 따라서는 한 분 하느님과 구원자 외에 다른 존재들도 받아들여야 했을까? 다른 종교들에도 참된 신들과 구원자들이 있다? 하느님 아버지와 곁에 **하느님 어머니**도? 아버지·아들·영의 삼위일체 대신, 아버지·어머니(혹은 아내)·아들의 삼위일체? 쌍雙신화에 따르건대, 천상 그리스도의 짝으로 삼라만상의 어머니인 천상 지혜가 그리스도 곁에 있어야 한다? 교회 전례에서 봉독하는 복음서 내용을 거슬러, 그리스도는 (여러 영지주의 문헌에 나중에야 삽입되었지만) 영인靈人이므로 아예 고통을 당할 수도 없었고 십자가에 처형되지도 않았다고 생각해도 될까?

이런 상황에서 영지주의자들은 교회 안에 존재하기가 갈수록 어려워졌다. 그리하여 '간선자'·'빛의 자녀'·'영적 인간'·'자유인', 아니 하느님의 '변치 않는 종족'· 광명 세계의 '씨족'·'셋의 종족' 등으로 자처하던 영지주의자들이 그들만의 **공동체들**을 형성하게 된 것은 놀랄 일이 못 된다. 엘리트 식자들('정통한 자들'과 지도자들)과 그들에 비해서는 아는 게 모자라는 사람들로 이루어진 그 공동체들에 관해서는 오늘날 그저 막연한 추측만 할 수 있을 뿐인데, 필경 위계적으로 조직된 '교회'라기보다는 비밀스런 규율을 지키고 카리스마적으로 구성된 '제의 결사祭儀結社'였던 것 같다.

영지주의에서는 **여성들**[23]이 공식 교회에선 허용되지 않던 직무들을 수행할 수 있었음이 확실하다. 여성들은 예언자·교리교사·선교사로 활동했을 뿐 아니라 기도·찬송·설교를 담당했고 세례와 성찬례를 집전하기도 하였다. 영지주의자들은 원칙적으로 의식儀式에 적대적이었으나 세례와 성찬례는 자주 거행했다. 낙 함마디의 한 단편은 이 두 예식뿐 아니라, 세정례·도유례·만찬례·장례도 거행되었음을 입증해 준다. 이러한 공동생활의 윤리적 토대 구실을 한 것은, 구원받은 자들의 형제자매애 사상이었던 것 같다. 현세에서의 협력과 공존이 아니라, 현세 실존에서의 구원을 지향하는 형제자매애.

여기서야말로 (보편적 교회를 희생시키는) **영지주의에 대한 이상화**를 경계해야 한다. 영지주의가 여성을 실제적·제의적으로 동등하게 대우하기도 했지만, 많은 텍스트에서는 여성에 대한 명백한 평가절하, 아니 여성성의 악마화와 결혼 거부도 찾아볼 수 있다. 양성兩性의 이상理想(종종 지고의 존재에게도 귀속시킨다)과 대비되어, 성이 분리된 죄과는 흔히 여성(하와)에게 전가된다. 과연 몇몇 텍스트에 따르면, 여자는 남자로 변해야 생명의 '충만함'(pleroma)에 들어갈 수 있다.

4. 여성, 역사의 패배자

이방계 그리스도 교회는 최초의 심각한 외적 위협(로마제국의 박해)뿐 아니라, 영지주의로 말미암은 최초의 심각한 내적 위기도 이겨 냈다. 그러나 그리스도교 최초의 이단과 정통에 관한 **발터 바우어의 모범적 연구**[24] 이래, 우리는 (역사적 관점에서 엄정히 되돌아본다면) 초기 그리스도교 저술가들을 승자와 패자, '정통 신자'와 '이단자'로 쉽게 갈라놓을 수 없음을 안다. 오늘날 우리는 신학사와 교회사 역시 대개 승리자들에 의해 (교의적 혹은 교회정치적 관점에서) 패배자들을 희생시키며 기록되어 왔음을 안다. 이런 유의 전통 교회사에서의 패배자들은 개인으로서의 '이단자들'(새로운 역사학은 이들 중 많은 이를 복권시켰다[25])만이 아니다. 그리스도교계의 이런저런 부분 전체도, 예를 들어 이미 2, 3세기에 대부분 이단으로 여겨졌던 유다계 그리스도인들도 역사의 패배자다. 이제 우리가 좀 더 상세히 살펴볼 역사의 패배자들은 그리스도교계의 '다른 반쪽' 전체, 곧 **여성들**이다.

전통 역사학은 역사의 주체로서의 여성에 관한 물음을 너무나 오랫동안 모르는 체해 왔다. 물론 여성들의 상황에 관한 **자료**는 원그리스도교의 것도 매우 **빈약**하며, 초기 교회에 와서는 더 말할 것도 없다. 물론 많은 교부가 여성들에 '관해' 자주 언급했지만, 여성들 자신에 의한 증언은 아주 드물어 단 네 개의 확실한, 그러나 매우 상이한 문서가 전해 올 따름이다.[26] 그 밖에는 다른 주제들을 다루는 남성들의 저술 여기저기에 흩어져 있는 단편적 언급들이 발견될 뿐이다.

연구자들은 특히 그리스 교부들이 **하느님 앞에서의 남자와 여자의 동등한 가치**에 관해 많이 언급했음을 거듭 지적했다: 남자와 여자는 함께 하느님의 모상으로 창조되었다, 둘은 동일한 윤리적·영적 능력과 의무들을 지니고 있다, 여자들이 예수 부활의 첫 증인들이었다 등등. 그러나 다른 한편으로 그리스도교계에는 이미 일찍부터 (수도자들만이 그랬던 것은 아니지만, 특히 그들에 의해 조장된) 육신을 적대시하고 **여성을 평가절하하는 경향들**이 존재했다는 것도 부인할 수 없다. 스토아 철학의 정신으로 남녀의 동등성을 옹호했고 평생의 성적 금욕을 바람직하게 여기지 않았으며 독신을 결코 그리스도인의 고결한 삶의 이상으로 여기지 않았던 매우 개방적인 신학자 알렉산드리아의 클레멘스조차 거리낌 없이 남자에 대한 여자의 복종을 지지했다. 그 밖에도 여성의 열등함과 교회 직무로부터의 배제를 지치지도 않고 주장한 주교와 신학자들이 수없이 많았다.

신약성경과 초기 교회 문헌들에 대한 해석사도 그런 사정을 반영한다. 그리고 특히 이 '여성 문제'에서, 자료에 대한 해석이

각 시대의 이데올로기적 관심에 얼마나 크게 예속되었는지가 뚜렷이 드러난다. 오랫동안 사람들은 교회가 원하던 여성들의 복종을 마치 당연하다는 듯이 하느님의 계시이자 거룩한 전통으로 정당화해 왔고, 지금도 로마·영국 등지의 상당수 보수파 성직자들은 이런 짓을 계속하고 있다. 그런데 오늘날 그리스도교 세계에는 오히려 '여성에 관한' 교부들의 긍정적 진술들을 강조하고, 여성 해방에 있어서의 각별한 공헌을 그리스도교에 돌리는 경향이 있다. 과연 누가 옳은가?

이 문제와 관련하여 일찍이 역사학자 **클라우스 트레데**는 자료 정사精査를 통해 결정적 요점에 주의를 환기시켰다. 2, 3세기 그리스도교 공동체에서 여성의 비율이 높게 나타나긴 하지만 교회에서의 여성 동등권은 고려되지 않았으며, 정통파 신학자들은 오히려 여성의 해방을 저지하려 했다는 것이다. "여기서 정통 그리스도교는 금욕주의적 이상들이 확고히 자리 잡아 갈수록 … 더욱 보수적으로 사고했으니, 화장化粧·위생·유행에 대한 아예 틀에 박힌 비난이 한 예다. … 윤리적 근본 입장에서 대교회는 — 그리스도교가 여성 해방을 촉진시켰다는, 요즘 널리 퍼져 있는 견해와는 반대로 — 황제 시대의 현실 상황에도 훨씬 미치지 못했다[부분적으로는 철학적 이론들보다도 뒤처졌다. 그리스도교 이전 시대의 반(反)여성 해방적 도덕 설교의 유산이 여전히 막강한 위력을 지니고 있었다]."[27]

여성에 '관한' 교부들의 증언뿐 아니라 당시 여성들 삶의 세계와 자기이해를 어느 정도 제대로 파악하기 위해서는, '**교부' 문헌** 전체를 새로이, 부분적으로는 '뒤집어서' 읽어야 한다. 이것은 물론 쉽지 않은 일이다. 초기 교회의 경전·교회 규범·금욕주의적 논설·성인 설화 문헌들만 대상으로 삼는다 하더라도, **여성들의 삶의 현실과 자기이해를 복원**하기 위해서는 매우 힘겨운 꼼꼼한 작업을 통한 역사적 **흔적 추적**이 필요하기 때문이다. 튀빙겐 대학교의 기획 연구 '여성과 그리스도교'의 일환으로 여성 가톨릭 신학자이자 역사학자인 **안네 옌센**이 선구적 연구를 수행했는데, 여기서 그 주요 성과에 의존해도 좋으리라 생각한다.[28] 옌센은 '승리자들의 관점'이 지배하고 있는, 다시 말해 후대에 그어진 대교회와 '이단자들' 사이의 경계선을 무비판적으로 받아들이는 전통적인 교회사 서술을 극복하려 진력했는데, 마땅한 일이었다.[29]

옌센은 4종의 권위 있는 초기 **교회사**(에우세비우스·소크라테스·소조메누스·테오도레투스)를 처음으로 비교 연구했다.[30] 그에 따르면, 카이사리아의 주교 에우세비우스가 325년경 펴낸 처음 3세기의 교회사에는, 나머지 세 사람의 4, 5세기 교회사보다 여성들의 적극적 교회 활동을 훨씬 많이 전해 준다. 세 사람의 교회사에서는 **여성들을 난외화**欄外化 · **익명화**하려는 뚜렷한 경향을 확인할 수 있다. 이들 교회사에는, 주목할 만하거니와, 다른 문헌들이 탁월한 영적 권위에 관해 전해 주는 자주적인 여성 금욕주의자들에 대한 기록이 빠져 있다. 반면 에우세비우스와 그가 언급하는 증인들에게는 여성 부제들 또는 그녀들의 선배 격인 교회가 인정한 공동체 봉사자 '과부들'에 대한 기록이 없다. 그러나 후대의 기록에서는 이러한 서품된 여성 교직자들이 좀 더 많이 발견된다는 사실 역시, 여성들의 적극적 교회 활동이 증가했음을 말해 주는 증거는 아니다. 다른 문헌들과 비판적 비교·분석에서 드러나는 사실인즉, 부제직 제정은 비록 여성들에게 교회 내의 활동 공간을 어느 정도 마련해 주긴 했지만, 오히려 여성들의 역할을 제한하려는 조처의 하나로 보아야 한다는 것이다. 갈수록 주교의 감독을 받게 된 '동정녀들'의 공동체에도 같은 말을 할 수 있으니, 교회는 이들을 단호히 자주적으로 살아가던 여성 금욕수행자들보다 선호했다.

5. 여성 순교자·예언자·교사들 되찾기

고대 교회사 전체를 개관한 다음, 옌센은 그리스도교 초기의 특히 중요한 여성 집단들도 하나하나 분석했다. **여성 순교자들**[31]의 기록을 분석해 보면, 순교자 수는 남자가 훨씬 많지만, 여자들도 남자들과 동등하게 묘사되어 있다. 특히 노예 블란디나가 중심 인물이었던 177년 리옹에서의 재판·순교 기록과, 203년 카르타고에서 있었던 페르페투아와 펠리키타스의 재판·순교 기록은 주목할 만하다. 그중엔 페르페투아 자신이 갇혀 있는 동안 재판에 관해 기록한 것이 있는데, 그 시대 여성들의 몇 안 되는 자기증언의 하나다. 이 문서들을 신학적으로 분석하면, 목숨을 걸고 그리스도를 증언한 여성 고백자들은 남성 고백자들과 똑같이 성령에 사로잡힌 부활의 증인으로 인정받았다는 것이 분명히 밝혀진다. 박해 시대에 많은 교회 공동체는 배교했던 그리스도인들을 공동체에 다시 받아들이는 권한을 그녀들에게 부여하기도 했다. 물론 일반화는 경계해야 한다. 이런 '고백 교회'류의 개별 집단들의 평등 실천이 당시 그리스도교계 전체를 대표하는 것은 아니다.

그리스도교 초기에 특히 **여성 예언자들**[32]이 성령에 사로잡힌 증거자들로 여겨졌다. 우리는 여기서 많이 논구되는 '몬타누스파'와 다시 마주치는데, 2세기 프리기아 지방에서 일어난 이 예언 운동은 몬타누스뿐 아니라 여예언자 프리스카와 막시밀라와도 결부되어 있다. 이 '새로운 예언'(독자적 교회로 발전한 이 운동의 자칭)만큼, 후대의 인신공격성 텍스트들에 대한 무비판적 독해에 의해 이단시되고 배척당한 그리스도교 초기의 운동은 없을 것이다. 아무튼 공격 뒤에 감춰진 사실들을 찾아내기 위한 원전 연구와 전해 오는 약간의 예언들에 대한 고찰은, '몬타누스파'라는 오늘날의 이름이 타당치 않다는 것을 두 가지 점에서 밝혀냈다. 우선 '몬타누스파'라는 이름은 이 운동의 정신적 지도자들이었던 여성들을 중심에 내세우지 않고, 이 여성 예언자들에게 조직상의 거점을 제공한 그녀들의 '대리인'인 몬타누스를 전면에 부각시킨다. 그러나 무엇보다도 '몬타누스파'라는 이름은, 이 운동이 어디까지나 평등주의적·카리스마적 정신을 내세웠기에 '우두머리'가 없었는데도, 마치 그런 인물이 있었다는 인상을 준다. 보존되어 온 원전들에 따르면, 이 '새로운 예언' 운동에서 가장 중요했던 인물은 **프리스카**였다. 요컨대 여기서도 2세기 그리스도교 공동체들에서 **남자와 여자의 실제적 동등성의 실천 흔적**이 다시금 발견된다. 여기서 특히 유의해야 할 것은, 후대의 논쟁에서야 비로소 여성들의 적극적 활동 자체가 비판의 대상이 되었다는 점이다.

역사 서술에서 '승리자의 관점'을 극복하는 것이 얼마나 풍요로운 결실을 가져다주는지는, **교사**[33]로서 교회에서 공적으로 활동한 여성들에 관한 연구가 특히 뚜렷이 보여 준다. 이 여성들은, 특히 영지주의와 관련된 운동들을 배경으로 이해해야 한다.

그렇게 한다면, 예를 들어 오늘날엔 거의 잊혔으나 매우 중요한 여성 신학자 **필루메네**를 재발견하고 그녀의 진가를 인정할 수 있을 것이다. 필루메네는 2세기 로마에서 한 학파의 태두泰斗였으며, 바로 마르키온의 경쟁자였다. 영지주의와 대교회 사이에서 중도적 입장을 취했던 이 여성 교사요 예언자는 부활에 관한 철저히 영적인(육신과 무관한) 이해를 주창했는데, 그러면서도 그리스도 가현설(그리스도는 가짜 육신을 입었을 따름이다)에 떨어지지는 않았다. 데미우르고스 같은 존재가 세상을 창조했다는 관념은 선한 창조주를 이 세상의 악과 떼어 놓기는 하지만, 그렇다고 세상과 물질을 악한 것으로 배척하는 철저한 이원론으로 귀결되지는 않는다. 요컨대 필루메네는 나름대로 고대 말엽 유다교(성경)와 헬레니즘(철학) 간의 새로운 종합을 꾀한 중요한 선구자의 한 사람이었다. 그러나 이 학파의 창시자인 필루메네는, 이미 4세기부터 그리고 근대의 교회사에서는 더더욱, 그녀의 선포를 기록으로 보존하고 그녀의 교설을 유포시킨 남성 제자 아펠레스에게 가려져 버렸다.

지금까지 여성 연구의 결과들을 일별하면, 예상보다 사정이 복잡하다는 것이 드러난다. 신약성경 시대에 관한 피오렌차의 연구와 유사하게, 옌센의 분석도 다음과 같은 모순을 뚜렷이 보여 준다:

- 여성들은 남성 중심으로 윤색된 자료에서 추측할 수 있는 것보다 훨씬 옹골차게 그리스도교의 전파에 기여했다.
- 동시에 성의 동등권을 저지하려는 세력들 또한 어디서나 활동했다. 평등 정신의 철저한 실현에 대한 방해가 갈수록 심화되었다.

6. 여성의 대안적 삶의 방식

옌센이 밝혀낸 바에 따르면, 여성들의 적극적 교회 활동을 저지하려는 많은 조처가 처음에는 거의 성공하지 못했는데, 까닭인즉 그리스도인이 된 헬레니즘적 로마 여성들은 쉽사리 길들여지지 않았기 때문이다. 그 여성들은 정치적 직위를 차지할 수는 없었지만, 아무튼 말 그대로 '해방'(e-manzipiert)되어 있었다. 그녀들은 결코 남편들의 '손'(manus) 안에 있지 않은 자유로운 배우자였으며, 일정한 재산을 지닌 한 경제적으로 독립해 있었다. 그래서 상류층 여성들은 결혼생활에서도 스스로 결정하는 것이 전적으로 가능했다. 이런 사실이 왜 옛 문헌들에 여성들이 그리스도교로의 개종을 통해 자신들의 '여성 조건'의 개선을 기대했음을 말해 주는 증거가 전혀 없는지를 설명해 준다.

그럼에도 많은 독신녀들(미혼녀든 과부든)이 전통적 가정생활을 거부하는 결단을 내렸다. 그래서 이제 **과부들**이 교회 공동체에서 중요한 역할을 하게 되었고, 곧이어 **동정녀들**, 즉 아예 결혼에 뜻 없는 젊은 여성들도 그렇게 되었다. 물론 금욕생활에 대한 애호는 당시의 일반적 현상으로서, 여자나 그리스도인에게 국한된 것은 아니었다. 아무튼 이 자발적인 신자 독신녀들은 교회 안에서 조직을 이루었거니와, 당시 헬레니즘 사회에서 그만큼 널리 퍼져 나간 여성 조직은 없었다. 반면 그리스도교 밖에서 아내와 어머니로서의 전통적 역할을 거부한 여성들은 거의 언제나 개인이었다. 그러나 이제 그리스도교 내에서 생물학적 조건에 의해 규정되지 않는, 큰 무리의 여성들을 위한 **대안적 삶의 방식들**이 가능해졌다. 이러한 제도화는 그녀들에게 물질적 생계뿐 아니라 높은 수준의 사회적 인정도 보장했다. 이로써 여성들의 사회적 역할이 다변화될 수 있었다. 이 새로운 삶의 방식들의 토대를 놓은 사람들은 두말할 것 없이 그리스도인 여성들 자신이었거니와, 오늘에 이르기까지 다양한 특색을 지닌 수도회·공동체·협회들에서 결혼생활의 대안을 찾는 이들은 남자들보다 여자들이 훨씬 많다. 여성을 오로지 생물학적으로 규정하는 것에서 벗어난, 이러한 새로운 여성 이해는 **해방의 역사에 근본적으로 중요한 기여**를 했다.

7. 어두운 면

물론, 고래古來의 성의 역할에 대한 이러한 상대화는 그 나름대로 문제를 내포하고 있었다. 철저한 **성의 포기**를 통해서만 생물학적 결정론에서 벗어나는 것이 가능했기 때문이다. 그리고 그리스도교에서 아내와 어머니가 아닌 여성들은 이 성의 포기가 **종교적 · 금욕적으로 근거** 있을 때만 사회적 인정을 받았다.

그러나 바로 이 점에서 **갈등**이 발생했다. 어째서? 평범한 가정생활을 거부하기로 결단하는 여성들의 동기가 사실 각양각색이었기 때문이다. 어떤 여성들에게는 성의 포기가 세속 삶에 대한 철저한 거부를 의미했고, 이런 경우 교회에 의해 인정받고 더 나아가 칭송되기까지 했다. 그러나 또 어떤 여성들은 생물학적 속박에서 벗어나 다른 사명을 감당하기 위해 성을 포기했다. 하지만 많은 사람은 이것을 '남자의' 역할 및 이와 결부된 지배권을 넘보는 행위로 여겼다. 교회는 이런 행위를 개별적 · 예외적 경우에는 묵인하기도 했으나, 그것이 집단적 현상이 되자 갈수록 위협적으로 인식했음이 확실하다. 그래서 상반된 대응들이 생겨났다:

- **'긍정적' 해결책**은 **'성에서 벗어난' 동정자**(여자든 남자든)에 관한 신학 정립이었다. 말하자면 성의 근본적 초월인데, 이것

은 이론적으로는 남자와 여자의 완전한 동등성으로, 실천적으로는 편견 없는 형제자매적 친교로 귀결될 터였다. 이 모델에서 성의 위계는 있을 수 없었다. 그러므로 여기서는 성을 극복하려는 노력이 성에 대한 적대와 당초부터 동일시될 수 없었음에도, 걸핏하면 그렇게 되었다.

- **'부정적' 해결책**은 특수한 형태의 여성 경멸이었는데, 이것이 곧 금욕주의 운동의 일각을 지배하게 될 터였다. 통제하기 힘든 본능적 욕구에 대한 두려움이, 여성은 유혹자라는 적대적 표상을 만들어 냈다. 이 경향은 고대 교회에서 점차 확고히 자리 잡았고, 성의 분리 원칙으로 귀결되었다.

이로써 치명적인 상호 작용이 시작되었다. 제국교회에서는 교권제도 사상이 그리스도교 본래의 평등주의적 노력을 갈수록 강하게 억압했고, 금욕주의에도 깊은 영향을 끼쳤다. 반면 점증하던 성적 염세주의는 수도원 너머 교회와 사회에도 큰 영향을 끼쳤다. 교회생활에 적극적으로 참여하려던 미혼 여성들도 결국은 거의 모두 성직 계급에서 배제되었다. 양성의 관계에 대한 규정에서 마침내 교권제도 사상이 승리했다(평등 정신이 그리스도교에서 다시 기반을 확보하게 되는 것은, 근대 자유교회 운동들에서다). 아무튼 우리는 초기 교회에서 그리스도교에 의한 여성 해방을 말할 수 있을까?

8. 그리스도교에 의한 여성 해방?

옌센은 널리 퍼진 다음 두 가지 주장이 거짓임을 밝혔으니, 실상 이것들은 유사한 궤변의 호교론적·페미니즘적 변형과 보수적·반페미니즘적 변형이다: ① 대교회보다 이단들이 여성에게 우호적이었다. ② 여자가 남자보다 이단 사조에 쉽게 빠져들었기 때문에, 교회는 여자들이 가르치는 것을 금지할 수밖에 없었다. 그러나 원전들을 꼼꼼히 분석하면, 배척당한 '이단적' 교회들 안에서도 철저한 평등 정신은 오래 견지되지 못했다는 결론에 이른다. 고대 말엽 **여성 우호와 여성 적대 사이의 경계선은 종교들이나 종파들 간의 경계선과 일치하지 않았다.**

또 하나 중요한 점은, 그리스도교의 전통적 호교론이 성경의 유산을 내세우면서 성에 대한 적대를 흔히 이교도들 탓으로 돌렸다는 것이다. 그러나 이것 또한 무책임한 짓이었으니, 초기 그리스도교계가 세상 기피 성향을 헬레니즘 문화로부터만 넘겨받은 것이 아니기 때문이다. 초기 그리스도교계는 그리스도교 고유의 세상 종말 및 심판에 대한 임박 기대와 더불어 세상 기피 성향을 심화했는데, 이것은 특히 **금욕생활의 이상화**에서 뚜렷이 드러난다. 고대 말엽 일반 사회에서 금욕생활에 대한 결단은 어디까지나 개인적 선호의 문제일 수 있었던 반면, **교회의 가르침**

에서의 독신은 시간이 흐르면서 구원사에 근거한 **우월성**을 획득하게 되었다. 이것은 직접적으로는 성에 대한 평가절하로, 간접적으로는 여성에 대한 평가절하로 귀결되었으니, 여자들은 금욕 생활을 하지 않는 한, 갈수록 아예 생물학적·성적 존재로 여겨질 뿐이었다.

이미 고대의 인본주의 이상理想이 남자와 여자, 노예와 주인, 빈자와 부자 할 것 없이 모든 인간의 동일한 인간적 존엄성을 강조했다는 것은 논란의 여지가 없다. 그러므로 그리스도교의 평등 정신과 고대 평등 정신의 결합은 마땅히 기대할 만했다. 그런데 왜 역사는 달리 진행되었던가? 여기엔 여러 요인이 작용했음이 분명하다. 서구 그리스도교계의 역사에서 여성 차별이 증대한 것을 그리스도교의 전파 하나**만으로는** 설명할 수 없기 때문이다.

그러므로 무엇보다도 중립적으로 따져 물어야 마땅하다. **초기 교회에서 참된 여성 해방을 가로막은 것은 무엇이었던가?** 여러 요인 가운데 특히 세 가지가 중요한데, 이제 이것들이 슬프게도 고대 교회의 헬레니즘 패러다임(P II)을 점차 강력히 규정하게 될 터였다:

- **교권제도적 구조들의 확립**: 로마제국뿐 아니라 교회들 안에서도 평등 정신과 정치적 권력 관계가 힘을 겨루었다. 동등

성 원칙은 주로 개인적 영역에서만 주장되었고, 특히 성사 분야에서 남성 지배권이 관철되었다.
- **성에 대한 적대**: 이것은 그리스도교에 기인한 것이 아니라 고대 말엽의 일반적 현상이었으나, 그리스도교계에서 특유한 모습으로 발전했다.
- **교육 경시**: 교육은 헬레니즘적 이상의 하나였고 그리스도교에서도 처음엔 무시되지 않았으나, 나중에는 종종 (특히 여성 교육의 경우) 공공연히 멸시되었다. 이것이 여자들을 그저 '살덩어리'로 여기게끔 하는 데 큰 몫을 했다.

9. 오늘날도 전통을 논거로?

예수와 팔레스티나의 유다계 그리스도교 공동체들 그리고 바오로의 이방계 그리스도교 공동체들의 근본 입장에 비추어 볼 때, 이런 여성 적대 전통을 어찌 평가해야 할까? 수직적 교권제도가 예수와 초기 그리스도인들에 의해 꼴지어진 형제자매성을 갈수록 강하게 억눌렀음이 분명하다. 예수의 가르침에서는 하느님 나라를 위한 결혼과 가정의 단호한 상대화 외에 다른 것은 찾아볼 수 없건만, 교회는 고대 전통으로부터 성에 대한 적대를 넘겨

받았고, 이것이 여자들의 고통스러운 업業이 되어 널리 퍼져 나갔다. 교육은 사실 예수의 가르침에서도 적극적 가치로 뚜렷이 부각되지는 않는다. 배우지 못한 사람도 하느님 나라에 들어갈 수 있다. 그러나 바오로는 박식한 유다계 그리스도인이었고, 에페소나 히브리서 같은 극히 신학적이고 세련된 서간들의 (익명) 저자들 역시 그러했다.

어쨌든 교육 경시에 있어서도, (바오로나 여타 신약성경 저자들은 말할 것도 없고) 예수를 그 근거로 끌어댈 수는 없을 것이다. 특히 여성들의 '가르침 금지령'으로 귀결되거나, 여성을 오로지 성적 역할에 근거해 규정하기 위한 구실로 이용된 교육 경시의 빌미를 예수에게서 끄집어내선 안 된다.

그러면 그리스도교는 초기 교회 여성 해방에서 어떠한 의미를 지니고 있었던가? 그리스도교는 여성 해방을 이루어 내지 못했다. 그리스도교는 여성 해방을 촉진시킬 힘도 있었고, 또 그저 대안적 삶의 방식을 통해서 행한 것 이상으로 촉진시켜야 마땅했다. 그러나 오히려 후대의 교리와 실천에서 점증하게 될 여성 적대로의 전환이 이미 2, 3세기에 이루어졌다.

고대 말엽 사회에서 여성들은 자신들의 해방을 이미 널리 성취했다. 반면 3세기 이래 여성들의 교회 직무 종사를 금지하는 법령들이 갈수록 많이 생겨났는데, 이는 교회에서 일반 사회와는 정반대의 관행들이 이루어지고 있었음'을 뚜렷이 확인해 준다. "그리하여 교회 차원에서나 사회 차원에서나, 정통파의 정치적·교조적 세력 증대와 여성 해방에 대한 억압의 증대는 서로 보조를 맞추었다"(트레데).³⁴

상황은 그렇게 전개되지 않았어야 마땅했으니, 고대 인본주의의 유산과 그리스도교의 복음 모두 다른 방향의 길을 가리켜 주었기 때문이다. 어쨌든 오늘을 염두에 두고 말해야겠다: 고대 교회 헬레니즘 패러다임의 그리스도교를 그럭저럭 '이해해 줄 만하다' 할지라도, 오늘날에도 여전히 그리스도 교회가 공공연하거나 은근한 여성 차별을 '**교회 전통**'을 근거로 내세워 고집하는 것은, 도저히 용납할 수 없다.

고대 교회 헬레니즘 패러다임에서 뚜렷이 나타났고 중세 로마 가톨릭 패러다임에서 더욱 확립된 남성 지배권은 신약성경 어디서도 찾을 수 없는 저 금령이 없었다면 거의 불가능했을 것이니, 곧 **성직자 결혼 금지령**(독신법)이다. 이 사실은 여성들도 결코 잊어서는 안 된다. 이 금령은 동방교회에서는 물론 주교들에게만 해당되고, 로마 가톨릭교회에선 모든 사제와 (최근까지는) 부제들에게도 강요되고 있다. 영국의 역사학자 피터 브라운이 옳았다. "이 점에서 그리스도교계는 '큰 거부'를 선택했다. … 라삐 직무가 결혼을 지혜의 반+의무적 시금석으로 수용했기 때문에 우월한 지위를 획득했던 바로 그 시대에, 그리스도 교회 지도자들은 정반대 방향으로 나아갔다. 그리스도교 사회에서 지도적 지위로의 진출은 반의무적 독신과 동일시되었다. 한 권력 구조가 성의 포기 같은 매우 개인적인 행위를 토대로 하여 그렇게 빠른 속도로 그렇게 날카롭게 편을 가르며 확립되었다는 것은 매우 기이한 일이다."[35]

3장 중세 교회의 여성

서방에서는 5세기 이래 새로운 중세·라틴 패러다임이 형성되었으니, 유다·그리스도교 패러다임과 고대 교회·헬레니즘 패러다임에 이은 셋째 패러다임(P III)이다. 이 패러다임의 핵심 구성 요소는 세 가지인데, 이것들은 여성의 지위에 매우 부정적인 영향을 끼쳤다:

- 그리스 교부들의 신학과 다른 **아우구스티누스의 라틴 신학**,
- 중앙집권적 교회 지배 제도로서의 **로마 교황권**의 확립,
- **게르만족**의 새로운 신심.

1. 아우구스티누스: 원죄가 성을 손상시켰다

아우구스티누스(354~430)의 위대한 신학적 업적은 더 치켜세울 수 없을 정도로 극진히, 그리고 빈번히 칭송받아 왔다. 새 시대를 연 이 업적, 아우구스티누스가 죄와 은총이 동시에 지배하는 이 세상 인간들의 행복에 대한 갈망에 관해 명민하고 사려 깊게, 빛나고 감동적으로 서술한 그 모든 것, 시간·영원·영성·신심·하느님께의 헌신·인간의 영혼에 관한 그 모든 심원한 사상을 여기서 새삼 유념할 일이다. 그러나 그리스적 지성의 우월성에 맞서 의지와 사랑의 우월성을 그토록 감명 깊게 주장한 아우

구스티누스, "사랑하라, 그리고 그대 하고 싶은 대로 하라"[1]라는 대담한 말을 했고 하느님 은총에 관해 그토록 우렁찬 글을 쓸 수 있었던 아우구스티누스, 그런 아우구스티누스가 다른 한편으로는 라틴 교회의 극히 파행적인 발전 과정(은총론 · 성사론 · 삼위일체론뿐 아니라 성 윤리에서도)에 큰 책임이 있다. 이 또한 논란의 여지가 없는 사실이다.

아우구스티누스에 따르면, 인간은 애당초 아담의 죄로 말미암아 깊이 손상되었다. "**그 안에서**(in quo) 모든 이가 죄를 지었습니다"(로마 5,12: 아우구스티누스가 사용한 라틴어 역본). 그리고 아우구스티누스는 "그 안에서"를 아담과 결부시켰다. 그러나 그리스어 원문에는 단순히 "모든 이가 죄를 '**지었으므로**'(ἐφ' ᾧ)"로 되어 있다 (달리 옮기면 "'그를 따라' 모든 이가 죄를 지었습니다")!

그러면 아우구스티누스가 로마서의 이 구절에서 읽어 낸 것은 무엇이었던가? 그는 아담의 최초의 죄만이 아니라, **원죄**를 읽어 냈다!

그것은 모든 인간이 태어날 때부터 선천적으로 지니고 나온다는, 요컨대 유전적으로 물려받는 죄를 말한다. 아우구스티누스는 바로 여기에 모든 인간(갓난아기일지라도)의 육신과 영혼이 손상된 원인이 있다고 보았다. 세례를 받지 않으면, 인간은 영원한 죽음에 떨어질 터이다.

그러나 성의 막강한 힘에 대한 개인적 체험과 마니교에 심취했던 과거 경험에 근거하여, 아우구스티누스가 (원죄에 관해서는 한 마디도 하지 않았던 바오로와 달리) **원죄**의 전달을 **성행위**와, 또 그것과 관련된 '육적'(이기적) 욕구와 결부시킨 것은 오히려 더 나쁘다.[2] 아우구스티누스는 성을 요컨대 인간 본성 한가운데 있는 것으로 보았다.

그러므로 아우구스티누스는 서방 신학과 교회에서의 **성의 억압**에 누구보다도 큰 책임이 있다. 아우구스티누스는, 적어도 (합리적 지성과 관련된) 정신의 차원에서는, 남자와 여자 둘 다 하느님의 모상으로 창조되었다는 사실에 근거하여, 다른 라틴 신학자들(예컨대 히에로니무스)보다 더 남녀의 동등성을 강조했다.

그러나 다른 한편 당시 통상적으로 인정되던 육체적 측면에서의 여성의 열등성(창세기 2장에 따르면 여자는 남자로부터, 남자를 위해 창조되었다)을 고집했다.[3] 성과 원죄에 관한 아우구스티누스의 교설은 문제가 많다.[4]

이상적으로 말하면, 아우구스티누스에게 성 관계는 오직 자녀 출산을 위해서만 행해져야 한다는 것이 분명한 사실이었다. 순전히 그 자체를 위한 성적 쾌락은 죄스러운 것이며, 따라서 억제해야 한다. 성적 욕구가 남편과 아내의 관계를 풍요롭고 깊게 만들 수 있다는 것을 아우구스티누스는 전혀 생각하지 못했다.

성욕을 이단시한 아우구스티누스의 바로 이 유산이 중세, 종교 개혁 그리고 그 후대의 남녀들에게 줄곧 그 얼마나 무거운 짐이 되었던가. 우리 시대에도 어떤 교황이, 부부간에도 남편이 아내를 순전히 욕망 때문에 바라본다면, '음란한' 일이 될 수 있다는 견해를 실로 엄숙하고 진지하게 선포하고 있다. …

2. 성 윤리에서의 엄격주의

아우구스티누스는 부부 관계로 이끄는 성욕을 통해 원죄가 유전된다고 보았다. 가톨릭 윤리신학자 치글러는 이렇게 확언한다. "아우구스티누스는 원죄와 성욕을 결부시킴으로써, 수백 년간 부부 관계와 결혼 자체에 대한 편견 없는 고찰을 불가능하게 만드는 무서운 결과를 낳았다. 이 아프리카 교부를 따라, 초기 스콜라 신학도 부부 관계의 성욕을 통해 원죄가 전해진다는 견해를 주장했다."[5]

극심한 윤리적 타락에 맞서 이미 메로빙거 왕조와 특히 카롤링거 왕조 때 **성 윤리에 있어서의 엄격주의**가 크게 대두했는데, 그러는 가운데 성에 대한 두려움과 결부된 수많은 원시적인 성적 금기들이 지속적으로 큰 영향을 끼쳤음을 유념하라.[6] 이런 엄

격주의는 중세 교회의 공식 교리보다는 비공식적 교설과 참회 관습을 꼴지었다:

- **성직자**: 이들에게는 보니파티우스의 교회 개혁 때부터 성의 억제가 요구되었으며, 그것을 어길 때에는 엄히 처벌받았다. 거룩한 것과 접촉하고자 하는 사람은 '순결'하고 '더럽혀지지 않은' 손을 지녀야 한다는 것이었다(그래서 사제 서품 때 손에 도유했다). 성과 관련 있는 사람은, 무의식적인 경우든(몽정) 허용된 경우든(부부생활), 거룩한 것과 접촉하는 것이 허용되지 않았다.
- **평신도**: 이들은 거룩한 것(예컨대 성체)의 준비와 접촉에서 배제되었다(그래서 손으로 성체를 영할 수 없었다). 더구나 여자들은 제단 구역에서 멀리 떨어져 있어야 했다. 남자의 정액과 생리나 출산 때의 피는 여자를 윤리적으로 더럽히므로, 그 여자는 성사를 받을 수 없었다.

저 무수한 참회와 보속 규정서들이, 흔히는 서로 어긋나는 죄와 벌의 목록들을 통해, 얼마나 엄청난 성적 억압을 (그것도 하느님과 교회의 이름으로!) 야기했는지를 생각해 보아야 한다. 고대 말엽 특정 엘리트들의 이상이었던 '금욕'이 이제는 되도록이면 온 백성이 추구해야 할 이상으로 강요되었다. 이런 **욕망 적대적**

윤리는 무자비한 조건법에 따라 다음과 같은 것들을 요구했다:
- 여자들은 생리 중에는 교회에 발을 들여놓아서도 성체를 영해서도 안 되며, 출산 후에는 특별한 축복을 받아야 한다.
- 남자들은 정액의 사출, 특히 의식적 사정으로 자신을 더럽히지 않도록 조심해야 한다.
- 부부들은 생리 때와 출산 전후뿐 아니라, 주일과 대축제 기간(전야와 최종일 포함), 특정 평일(금요일), 대림과 사순 시기에도 성행위를 해서는 안 된다. 이런 규정의 목적이 **부부 성행위를 엄격히 제한**하기 위한 것이었음은 두말할 것이 없거니와, 그 배경에 자리 잡고 있던 것은 결혼생활에서의 쾌락조차 좋지 않게 여기는 관점이었다. 성적 흥분은, 무의식적이거나 반사적인 경우에도, 그 자체로 나쁜 것이었다. 그나마 어떠한 쾌락의 감정도 죄스러운 것이라는 견해가 극복된 것은, 겨우 13세기에 이르러서였다. 그러나 성과 결혼에 있어서의 가혹한 비관주의는 거의 그대로 존속했다. 즉, 성적 욕망은 다른 동기(무엇보다도 자녀 출산이라는 목적)가 있어야만 정당화되었다.[7]

3. 종교 간 문제

그런데 여기서, 뜻밖에도 그리스도교뿐 아니라 유다교와 이슬람교에도 해당되는 **종교 간 문제**가 제기되는바, 이것을 간략히 고찰해야겠다. 사람들은 특히 중세 그리스도교의 성 윤리와 관련해서 (더러는 역사화하여, 또 더러는 비방하며) '**유다교화된 그리스도교**'를 말해 왔다. 옳은 얘기인가?

특히 카롤링거 시대(황궁에서는 카를 대제를 새로운 다윗·모세·여호수아로 찬양했고, 학자들은 즐겨 서로를 성경에 나오는 이름으로 불렀다)의 그리스도교가 구약성경적 특징들을 보여 준다는 것은 논란의 여지가 없다. 그리고 십일조·안식일(주일) 엄수·누룩 넣지 않은 빵에 관한 규정 등이 구약성경에는 나오지만, 신약성경에서는 찾아볼 수 없다는 것도 확실하다. 또한 **성적 불결과 제의상의 부정**不淨에 관한 명확한 규정들도 구약성경에서 발견된다는 것은 두말할 것이 없다.

그럼에도 여기서 손쉽게 **유다교화**를 말하는 것은 **옳지 않다**. 구약성경뿐 아니라 신약성경과 쿠란에서도 관념과 입장에서 이중 노선이 발견되기 때문이다:

- 구약성경뿐 아니라 신약성경과 쿠란에도 성과 인간적 사랑을 창조주의 선물로 긍정한다. 남편과 아내는 그들의 육체

성에서도 서로를 위해 창조되었으며 '한 몸'이 되어야 한다.
- 구약성경뿐 아니라 신약성경과 쿠란도 성행위에 대한 일정한 제한 규정을 담고 있다. 예컨대 쿠란도 여성의 생리 기간과 라마단 금식 월月의 낮 동안, 그리고 메카 순례 기간 중에는 성행위를 금한다. 그리고 신약성경에는 그런 규정들이 명시적으로 나오지는 않지만(상당수는 유다교에 근거해 아예 자명한 것으로 전제되어 있다), 바로 여기에야말로 (구약성경이나 쿠란과는 달리), 결코 명령된 것은 아니지만, 바오로가 찬양한 독신의 생활 방식이 나온다.

현대 문화인류학은 성적 관습과 표현 방식들이 어떻게 규범성과 교도적 표준성을 주장하는 문화적 현상이 되는지를 뚜렷이 밝혀 주었다. 예를 들어, 사정射精과 생리혈 자체가 사람을 더럽힌다는 관념은 유다교·그리스도교·이슬람교 어느 하나에 특유한 것이 아니라, 오랜 옛날부터 널리 퍼져 있던 전前윤리적 표상이며, 부분적으로는 고대 자연의학의 관점이기도 하다.

오늘날 특히 근동에 기원을 둔 **세 종교에 물음**이 제기되고 있다. 종교에서의 **성관**性觀이 아직도 고대의 인간관·신관의 표상들과 관점들로부터 출발해야 하는가? 또는 생리나 출산 때의 피는 해로운 분비물이며, 임신 중 성 관계는 태아를 해친다는 등의 그릇된 견해를 가지고 있던 고대 자연의학으로부터 출발해야 하는가? 오랫동안, 너무나 오랫동안 예배와 성과 관련된 정결 규정들을 성직자와 평신도들에게 강조해 왔다. 그리고 유다교와 이슬람교와는 달리, 그리스도교에서는 종교적 동기에서 비롯된 독신에 대한 찬양이 성과 결혼의 평가절하를 조장해 왔다. 이 일에서도 주도적 구실을 한 것은 로마 교회다.

4. 독신 남자들의 교회와 결혼 금지령

중세의 라틴 패러다임에서는 이제 바로 **로마 교회**가 갈수록 뚜렷이 부상했기 때문에, 이 가톨릭 패러다임이 완성되었을 때는 로마 가톨릭 패러다임으로 드러나게 되었다. 그러나 아우구스티누스의 동시대인이었던 자부심 강한 다마수스 교황으로부터, 비록 개인적으로는 실패했으나 독일 황제와의 생사를 건 싸움을 통해 로마의 관점을 가톨릭교회와 독일 제국에 관철시켰던 11세기의 교황 그레고리우스 7세에 이르는 길은 그 얼마나 멀었던가. 아무튼 이로써 원칙적으로 **교회의 새 패러다임**, 즉 **로마 중심의 가톨릭교회** 패러다임을 위한 신학적 토대(아우구스티누스)뿐 아니라 **교회정치적 토대**도 확립되었다.

로마 체제는 서방 가톨릭교회에 그때까지 유례없던 중앙집권화(전제군주제적 교황 교회)·법정화(법치 교회)·정치화(권력 교회)·군사화(호전적 교회), 그리고 무엇보다도 **성직자 중심화**를 가져다주었다. 훗날 교황 그레고리우스 7세가 된 힐데브란트와 수도자들의 영향으로, 로마는 일종의 '범汎수도자주의'를 통해 전체 성직자에게 조건 없는 순종과 독신과 공동생활을 요구했다. **사제 결혼을 금지**한 1059년 라테란 시노드의 결의 사항들은 **이탈리아**에서보다는 수도회 개혁의 요람인 프랑스에서 더 잘 준수되었다. 아무튼 롬바르디아 주교들은, 자기 교구의 사제들에게 죽도록 얻어맞은 브레스키아 주교를 제외하고는, 사제 결혼 금지령을 공포하지 않았다. 그러나 성직자들이 합법적 사제 결혼을 고수하자, 교황의 부추김을 받은 '파타리아'(무뢰한들)가 성직자들에 맞서 폭동을 일으켰다. 사제들 집에서는 그들의 아내들에 대한 끔찍한 사냥이 벌어졌다.

결혼 금지에 대한 분노는 이탈리아보다 **독일**에서 더 격심했던바, 여기선 단 세 명의 주교(잘츠부르크·뷔르츠부르크·파싸우)만이 용기를 내어 로마의 교령을 공포했는데, 파싸우 주교는 성탄절에 성직자들에게 하마터면 몰매를 맞을 뻔하다가 쫓겨났다. 특히 힘없는 하위 성직자들은 매우 당황하여, 수천 명씩 모여(콘스탄츠 교구에서만 3,600명의 성직자가 시노드에 참석했다) 이 새로운 법과 자기네 종교 지도자들을 배척하도록 교회 백성을 선동하는 로마의 소행에 항거했다. 독일 성직자들은 한 문서에서 자신들의 견해를 이렇게 밝혔다:

1. 교황께서는 "받아들일 수 있는 사람은 받아들여라"(마태 19, 12)라는, 독신에 관한 주님의 말씀을 알아듣지 못하시는가?
2. 교황께서는 사람들에게 천사처럼 살라고 강요하고 있으며, 자연의 길을 금지시키려 한다. 그것은 간음을 조장할 따름이다.
3. 결혼생활과 사제직 가운데 하나를 포기해야 하는 선택 앞에서, 우리는 결혼생활을 결단하겠으니, 교황은 교회 직무 수행을 위해 천사들을 데려오실 일이다.[8]

이 문제에서 최종 결정을 내린 사람도 다시금 **그레고리우스 7세**였으니, 그는 1074년 자신의 첫 번째 단식 시노드에서 무뢰한들의 계획을 치하하고 1059년의 결의 사항들을 재가했다. 또한 결혼한 사제들('축첩자'로 매도되었다)을 모조리 정직(停職)시키고, 평신도들을 부추겨 그들의 사제 직무 수행을 거부토록 했다. 교황 스스로 획책한, 평신도들의 **성직자 보이콧**이야말로 실로 전대미문의 사건이었다!

물론 교회법적으로는 1139년 제2차 라테란 공의회에서야 최종 결말이 났는데, 공의회는 높은 품계의 서품(차부제품부터)은 혼인 장애라고 선언했다. 다시 말해서, 그때까지 금지되긴 했으나 법적으로 유효했던 사제 결혼이 이제는 아예 처음부터 무효였다. 사제들의 아내는 모두 첩으로 취급받았고, 자식들은 노예로서 교회 재산에 귀속되었다. 그리하여 이때부터 **보편적 의무로서의 독신법**이 존재하게 되었다. 그러나 이 법은 현실적으로는 종교개혁 시대까지 로마에서조차도 제한적으로만 준수되었다.

오늘날 다시금 격렬한 논쟁의 대상이 된 이 중세 로마 가톨릭 특유의 독신법은 '성직자'·'교권제도'·'사제 계급'이 '평신도'인 '백성'과 분리되어 완전히 그들 위에 군림하는 데 다른 그 무엇보다도 큰 몫을 했다. 아무튼 이제는 독신 상태가 결혼 상태보다 이론의 여지 없이 도덕적으로 '더 완전한' 것으로 여겨졌다. **성직자 중심화**는 바야흐로 '교회'와 '성직자들'을 아예 동일시하는 데까지 나아갔다(이것은 부분적으로는 오늘날의 언어 관습에서도 찾아볼 수 있다). 이런 상황 전개가 권력관계에 의미하는 바는 이렇다:

- 평신도는 그때까지 성직자와 평신도가 함께 속해 있던 교회에서 밀려났다.
- 성직자만이 은총 수단들의 관장자로서 '교회'를 형성했다.
- 성직자 교회는 교황을 정점으로 하여 위계적·군주제적으

로 조직되었고, 그리하여 가톨릭교회는 로마 교회와 동의어가 되었다.
- 성직자(교회)와 평신도(백성)가 '그리스도교 세계'를 형성하지만, 로마의 견해에 따르면, 그 세계에서는 교황과 성직자들이 절대적으로 군림해야 했다.

이 중세 전성기에 성직자들은 과거 어느 때보다 두드러지게 재속 사제와 수도 사제라는 막강한 두 집단으로 구성되었다. 수도회 성직자들의 중요성이 결정적으로 증대된 것은 바로 13세기 초 **인노켄티우스 3세** 때였다. 이제 서방에서는 수도자들 중에서 '사제들'이 갈수록 많아졌고, '평수사'들은 하급 직책만 담당했다. 청빈 운동을 교회에 이롭도록 교묘히 이용하고, 특별히 가난한 예수 추종을 중심 이념으로 삼고 있던 새로운 유형의 수도회들, 즉 프란치스코와 도미니코 **탁발 수도회들**을 인가한 사람도 인노켄티우스 3세였다.

성직자 중심화에 있어서도 고대 교회 헬레니즘 비잔틴 패러다임(P II)과 중세 로마 가톨릭 패러다임(P III) 사이에는 뚜렷한 차이점이 드러난다:
- 동방교회에서는 주교들을 제외한 성직자들이 계속 결혼했고, 그래서 백성들과 상당히 친밀했으며 사회 조직에 잘 적

응한 것으로 보인다.
- 그러나 서방의 독신 성직자들은 무엇보다 결혼을 하지 않았기 때문에, 그리스도교 백성들로부터 완전히 분리된 것으로 보인다. 그들은 하나의 고유한 사회 지배계급이 되었으며, 원칙적으로 평신도 계급 위에 군림하고 로마 교황에게 전적으로 복속되었다. 또한 이제부터 교황은 충직하고 활동적인 독신 남자들로 이루어진, 곳곳에 편재하는 중앙집권적 조직의 탁발 수도회들의 강력한 뒷받침을 받게 되었다. 걸출한 신학자 토마스 아퀴나스도 도미니코회 수도자다.

5. 토마스 아퀴나스: 여성은 결여된 존재다

먼 훗날 로마 가톨릭 그리스도교계의 '보편적 스승'이 된 아퀴노 가문의 이 천재적인 남자는 중세 신학의 고전적 종합을 이뤄 냈다. 그의 위대한 선배 아우구스티누스와 비교해 볼 때 토마스는 신앙에 맞서 이성의, 은총에 맞서 자연의, 신학에 맞서 철학의, 그리스도교적인 것에 맞서 인간적인 것의 가치를 존중했다. 여러모로 인정받는 이 모든 업적을 여기서도 다만 새삼 유념하고 넘어가자.

사람들은 토마스 아퀴나스가 포괄적 지식을 지니고 있었지만, 세 가지, 즉 예술·아이들·여성에 관해서는 아무것도 이해하지 못했다고 변호해 왔다. 여기서 최소한 여성 문제는, 그의 독신 수도자 생활환경을 감안한다면, 아무것도 이해하지 못했다는 것을 이해해 줄 만도 하다. 하지만 토마스는 여성과 여성의 본질에 관해 극히 원칙적인, 그리고 역사적으로 엄청난 영향을 끼친 진술을 하지 않았던가? 토마스 옹호자들은 토마스가 여성에 관해 저작 여기저기서 그저 단편적으로, 다시 말해 틈틈이 부수적으로만 다루었음을 강조한다. 그러나 어쨌든 『신학대전』의 두 군데 매우 중요한 곳에서 여성에 관한 실로 근본적인 언명들을 찾아볼 수 있다. 창조론 테두리 안에서 '(아담으로부터의) 여성의 창조'에 관한 네 개의 항목[9]과, 은총론 테두리 안에서 교회 내의 여성 발언권에 관한 중요한 항목 하나.[10]

물론 여기서 곧장 말해 두어야 할 것이 있으니, 토마스는 다음 사실은 전혀 의심하지 않았다는 것이다:

- **여성**은 남성과 마찬가지로 **하느님의 모상으로 창조**되었다.
- 여성은 그러므로 원칙적으로 남성과 똑같은 존엄성과 영원한 목표를 지닌다.
- 여성은 생식을 위해서만이 아니라, 공동생활을 위해 하느님께 창조되었다.

그러므로 토마스 아퀴나스를 중세스럽게 음침한 여성의 적으로 간단히 몰아붙여서는 안 된다. 그러나 앞에서 언급한 것이 토마스의 여타 진술들을 무해화無害化하는 근거가 될 수 있을까? 토마스는 '여성에 관한 신학'에서 **아우구스티누스의 많은 진술을 더욱 강화**하고 정제함으로써, 여성에 대한 경멸을 완화하기는커녕 오히려 심화시키지 않았던가? 성경의 창조 기사를 근거로 내세우며, 남성이 "여성의 원리요 목적"이며 여성은 **"어딘가 모자라고 잘못 만들어진 존재"**[11]라고 주장하지 않았던가? 여자 — 뜻밖의 사고로 결함을 지닌, "잘못 만들어진 남자!"[12] 토마스의 악명 높은 이 말은 수없이 인용되었다.

창조론의 이런 실상을 감안하면, 왜 중세 **여성들이 교회 안에서** 그야말로 아무 말도 하지 못했는지 구태여 설명할 필요가 없을 것이다. 여성들에게 예언의 은사가 주어진다는(구약성경에서도!) 것은 원칙적으로 부인되지 않았다. 그러나 여성의 **사제 서품은?** 이 문제를 『신학대전』에서는 집필을 중단했기에 자세히 다루지 않았으나, 이미 젊은 시절의 토마스는 금언 해설에서 부정적 견해를 피력한 바 있다![13]. 여성 사제 서품은 허용될 수 없을 뿐 아니라 효력이 없다고까지 주장했는데, 이 주장은 토마스 사후에 출간된 『신학대전』(부록)에 그의 정당한 입장으로서 지체 없이 수록되었다.[14] 여성의 설교에 대해서도 사정은 비슷하다.[15]

하지만 이 모든 부정적 언명들에 근거해 곧장 토마스에게 (불리한) 최종 판결을 선고하고 싶어 하는 사람들은 다음 세 가지를 염두에 두어야 한다: ① 토마스는 여러 면에서 그저 당시 사람(남자)들이 일반적으로 생각하고 있던 것을 말했을 뿐이다. ② 토마스는 여러 진술에서 단순히 **구약성경**(예: 남자 후손이 없을 때만 여자가 상속인이 될 수 있다. 남자는 여자 옷을 입어서는 안 된다)이나 **신약성경**(예: 여자는 남자를 위해 창조되었다. 여자는 교회 안에서 침묵해야 한다)을 **따랐을 뿐**이다. ③ 토마스는 '진보적 신학자'로서 여성에 관한 지식에 있어 당시 자연과학과 철학의 최고 권위자 **아리스토텔레스**에게 의존했는데, 사실 그 외에는 다른 대안이 없었다. 그런데 기원전 4세기의 이 그리스 철학자는 논문 「생명체의 생식에 관하여」를 통해, 저 치명적인 '성의 형이상학'과 '성의 신학'을 위한 생물학적 토대를 제공했다.

아리스토텔레스를 따르더라도 여자는 '잘못 만들어진 남자'다. 어째서? 아리스토텔레스는 행위/형상과 능력/질료에 관한 이론을 생리학에 적용하면서 다음과 같이 강조했기 때문이다: 새 인간의 생식에 있어서 **남자**가 정자('능동적 힘')에 의거하여 **홀로 능동적인, '낳는' 측**이다. 반면 **여자**는 전적으로 **받아들이는 수동적인 측**, 수용하는 '질료'인바, 단지 새 인간을 위한 배자('수동적 힘')만을 보유·제공한다. 토마스도 똑같이 주장했는데, 왜 남자에 의해 어떤 때는 사내아이가 또 어떤 때는 계집아이가 만들어지느냐는 곤란한 질문에도 아리스토텔레스의 이론을 빌려 이렇게 대답했다: 그것은 남자의 생식력 부족이나 여자의 체질적 결함 혹은 외부적 영향[예컨대 북풍이 불면 사내아이, 습하고 탑탑한(!) 남풍이 불면 계집아이가 만들어짐]에 기인할 수 있으며, 그래서 어떤 때는 완전한 남자가, 또 어떤 때는 '잘못 만들어진 남자'가 태어난다고. 이런 견해가 수백 년간 얼마나 파괴적인 영향을 끼쳤는지는 쉽게 짐작할 수 있을 것이다. 사실 1827년에야 여성 난자의 존재가 알려졌고, 그러고 나서도 한참 후에야 생식에 있어서 난자와 정자의 공동 작업이 좀 더 상세히 확인되었다. 이 모든 것이 아무것도 변명해 주지는 못하지만(이미 고대 그리스·로마 시대의 저명한 의사 갈레노스는 태아의 생성에서 여성이 생물학적으로 능동적 역할을 한다고 생각했다), 그래도 당시 상황을 꽤 이해하게는 해 준다.

그럼에도, 역사적 공정성을 견지하기 위해, 덧붙여 말해야겠다. 토마스 아퀴나스는 당시 지배적이던 아우구스티누스의 교설에 맞서 그 누구보다 크게 **창조계의 물질적 실재(몸)에 대한 총체적인 철학적·신학적 재평가**에 기여했고, 또한 스승 아우구스티누스보다는 성에 대해 긍정적 입장을 취했다. 그러나 물론 이런 사실이 토마스의 인간론을 원칙적으로 변화시킨 것은 전혀 없다. 노르웨이의 여성 가톨릭 신학사가인 **카리 뵈레셴**은 아우구스티누스와 토마스의 인간론을 다양하고 철저하게 분석했는데,[16] 결론은 이렇다: 아우구스티누스와 토마스는 아무런 의심과 주저 없이 **남성 중심적 인간론**을 옹호·주장했다. 두 사람 모두 남성과 여성의 관계를 교호성交互性의 시각에서 고찰하지 않고, 오로지 남성의 시각으로 고찰했다. 남자는 모범적 성으로 대우받았고, 남자로부터 여자의 존재와 역할이 이해되었다. 교호적 상보성相補性 대신 위계적 지배와 예속! 물론 토마스는 아우구스티누스를 여기저기 바로잡았으나, 드러내놓고 반대 입장을 취하지는 않았다.[17]

6. 가정 · 정치 · 경제에서의 여성

어느 시대보다 중세의 여성에 관한 연구가 많이 이루어지고 있는데, 여기에는 여성 해방을 주창하는 여성학자들의 공이 크다. 그녀들의 확신에 따르면 오늘날에도, 특히 교회 안에서, 여성들의 자기이해와 행동 양식이 여전히 중세의 영향 아래 있거니와, 근본적으로 가부장적이었던 중세 때는 여성을 칭송할 때조차도 남성 중심의 잣대로 재곤 했다. 물론 여성 연구에서 중세의 이론·담론·모델들을 재구성하는 것이, 여성들의 구체적 삶의 현

실을 재발견하는 것보다는 손쉽다.[18]

고대와 초기 그리스도교계에서 싹수가 많이 보였던 여성의 참다운 동등권 실현이 왜 이미 초기 교회에서 저지되었는지, 그 이유들을 이제 우리는 알고 있다:[19] 우선 교권 구조들의 확립과 특히 성사 영역에서 남성 지배권의 관철, 다음으로는 수도원뿐 아니라 교회와 사회에도 퍼져 있던 그 시대 특유의 성에 대한 적대감, 끝으로 교육 경시(특히 여성 교육은 종종 공공연히 멸시되었다). 또한 우리는 그 후 카롤링거 왕조 시대에 매우 엄격한 성 윤리(성직자 결혼 금지, 평신도 성물 접촉 금지, 여자들 제단 주변 접근 엄금 등)가 대대적으로 관철된 것도 살펴보았다.[20] 아일랜드·스코틀랜드와 앵글로 색슨 수도자들이 대륙에 널리 보급한, 성행위를 억제시키려는 참회·보속 규정서들의 파괴적 영향도 잊어서는 안 된다.

'중세적 세계?' 그 세계는, 교회의 이상적 표상에 따르건대, **사제·수사·수녀와 그들의 금욕적 이상에 의해 규정되는 세계**를 뜻했다. 읽고 쓰는 교육의 유일한 담당자였던 그들은 그리스도인 신분 서열에서도 가장 높은 자리를 차지했으니, 결혼을 하지 않고 (사유)재산을 갖지 않음으로써 이미 이 땅에서 하늘나라를 체현하고 있었기 때문이다.

그러나 이것이 **결혼한 사람들**에게 의미하는 바는, 육신은 거룩한 성전이요, 바로 이 때문에 오로지 자녀 출산의 목적을 위해서만 다른 성의 육신과 결합할 수 있다는 것이었다. 피임은 낙태나 영아 유기遺棄와 다를 바 없는 것이었다. 그러므로 르고프가 육체성과 관련하여 일종의 거대한 '문화혁명'(나라면 패러다임의 전환이라고 말하겠다)을 중세에서 확인한 것은 이해할 만하다. 고대가 저물면서, 육체를 긍정하고 존중한 고대의 극장·공중목욕탕·경기장·투기장 등이 사라진 후, 중세는 육신(특히 여성의 몸)을 영혼의 감옥으로 경멸했다. 육신은 한낱 원죄로 인한 '육욕의 전염'과 성행위의 장소로 전락했다. 여기서는 '육체성에 관한 교리의 탈선'[21]이 뚜렷이 드러나니, 한마디로 육체 배척이 그것이다. 이른바 사탄의 유혹에 유달리 잘 넘어간다는 여성의 몸은 혐오의 대상이 되었다. 마녀 사냥이 다가오고 있었다.

적어도 상류층 여성들은 여러 가지 자기 계발의 기회를 갖고 있던 고대 말기만 해도, 로마의 법률과 문화는 여자들에게 상당한 자유를 허용했다. 그리고 게르만족의 자유민 여성들도 본래 자결自決·성적 자유·경제적 자립·결혼에의 동의 등에서, 사람들이 오랫동안 생각해 온 것보다 많은 권리를 지니고 있었던 것 같기도 한데, 이 문제는 오늘날의 **중세 초기** 여성 연구에서 토론이 계속되고 있다. 여성들의 실제 생활환경을 생생히 재구성하려 노력하는 이 연구는 매우 소중하다.[22]

아무튼 오늘날 여성 연구에 종사하는 사람들은, 중세에 **권력**

을 행사했던 여성들, 즉 아델하이트 · 테오파누 · 아그네스 · 콘스탄체, 수녀원장들(예컨대 오토 2세의 누이였던 크베들린부르크의 마틸다) 그리고 메로빙거 · 카롤링거 · 오토 왕가 등 명문거족의 여성들은 중요한 역할을 수행할 수 있었다는 진부한 사실의 확인에 더는 만족하지 않는다. 그런데 이런 사실은 특히 제국의 '퍼스트 레이디들'에게 해당되니, 그녀들의 지위는 대관식으로부터 사실상의 공동 통치나 단독 통치(자손이 없을 경우)에 이르기까지 실로 대단한 것이었다.

중세 초기의 조상彫像들은 왕과 왕비를 나란히 동등하게 묘사하고 있다. 평신도 귀족 사회의 여인들은 대체로 남편들보다 교양이 있었으니, 남자들은 12세기 후반기에도 대부분 읽고 쓸 줄 몰랐다(프리드리히 바르바로싸 황제조차 그러했다). 이 명문 귀족 여인들은 프랑스와 이탈리아에서도 실제로(법적으로는 아니다) 끊임없이 상당한 정치적 영향력을 행사했는데, 특히 **과부 신분**일 때는 더욱 그랬다. 토스카나 변경 방백方伯의 미망인으로 카노사 성주였던 마틸다는 교황 그레고리우스 7세의 세계사적 힘겨루기에서 없어서는 안 될 동지였다. 과부 신분은 왕의 특별한 보호 아래 있었고, 다른 사람의 '후견'을 받지 않았다. 과부들은 결혼 지참금과 남편의 유산을 마음대로 처분할 수 있었고, 재혼도 자유로이 할 수 있었다.

그러나 이 모든 것이 당시 여성 대중의 사회적 지위와 자기이해에 관해 말해 주는 바가 있는가? 거의 없다. 귀족 여인들이 특정한 경우에 남자들에 버금가는 역할을 담당할 수 있었던 것은 그야말로 예외로서, 새삼 통례를 확인해 줄 따름이다. 아무튼 **중세 전성기**에도 **사회구조**가 철저히 **가부장적**으로 꼴지어져 있었음을 간과해선 안 된다. 물론 카롤링거 시대 이래 최소한 노예 신분이 폐지되고 '농노 신분'으로 바뀐 것은 긍정적 결과를 가져왔다. 그러나 그리스도교를 믿던 지중해권과 특히 제노바 같은 항구도시들에는 여전히 수많은 노예들(특히 이슬람 지역 출신)이 존재했다. 아무튼 중세 여성들은, 노예나 농노가 아니라 대부분 자유민이긴 했지만, 거의 모두가 영지를 보유할 자격도 없었고, 법정에서 선서를 하지도 못했으며, 물론 병역의무도 없었다.

가정에서는 가장의 뜻이 관철되었다. 물론 도시에선 여성도 시민의 자유(면제) 특권을 누렸다. 그러나 이것은 현대적 의미의 개인 자유권이 아니라, 시민계급·시 자치제·조합 등의 집단적 자유였다. 또한 크게 발전된 도시들은 여성들에게 수공업과 소매업 그리고 때로는 도매업에서도 전보다 많은 직업상 자기 계발 기회를 제공했다. 그러나 그 도시들은 여성에게 남성과 동등한 권리와 임금을 제공하지는 않았고, (극소수의 섭정이나 귀족 여인들 외에는) **참정권도 부여하지 않았음**에 유념해야 한다.

중세 도시 발전에서 북이탈리아 도시들 다음의 둘째 중심지인 센 강과 라인 강 사이 지역의 여성들에 관한 여성 중세학자 **에디트 에넨**(본 대학)의 연구에 따르면, "12, 13세기 도시들의 비약적 발전에서 여자는 남자의 동반자나 보조자로서 수동적 역할만 수행했다".[23] 구체적으로, "여자는 프랑스 북부 지역 도시들에서 배심원에 들지 못했고, 13세기 독일 도시들에서 시정市政 기구로 조직된 시 참사회에도 끼지 못했다. 여자들은 땅 팔아 마련한 돈이나 오로지 노동력으로 도시에서 새로운 터전을 마련하려 했던 영세민과 비자유민들의 모험에 함께했다. 그녀들은 남편의 사회적 지위 상승을 함께 누렸는데, 장사로 돈을 번 도시 상인들은 아내가 비싼 옷을 입고 하녀를 거느리고 멋지게 꾸민 큰 집에서 큰소리치며 살 수 있게 해 주었다. 여성은 도시 상공업에서 이미 직업상으로 함께 일했다. 그러나 우리는 1250년 이전 상황에 관해서는 아는 것이 거의 없다."[24]

실제 사정은 물론 때와 장소에 따라 매우 달랐다. 필경 어느 한 면만 보고 판단을 내리지 않는 사람은 인정할 것이다. 여성에게 불리한 성별 역할의 고정화로 귀결될 터인 **성별에 따른 분업**에는 여러 원인이 있었다:

- 7세기 이래, 그리고 아마 10~12세기의 기후 온난화로 인해 더욱 촉진된 **인구 증가**(여성 인구가 남아돌았는지는 논란거리다).

- **신기술**의 발달(더 깊이 팔 수 있는 무거운 쟁기, 편자와 마구馬具를 갖춘 말의 투입 등).
- 서방에서 5, 6세기 이래 축소된 로마 **도시**들의 재정비와 대규모 이농 현상.
- 법률적(사회적이 아님) 평등을 얻고, 시 통치자(대개 주교)의 후견을 벗어난 **시민계급**의 생성.
- 도시 상공인들이 주도하는 **시장경제**의 발달. 이것은 그때까지 사람들의 생존을 보장해 주던 농업의 가치를 크게 저하시켰다. 전반적으로 수공업과 상업은 남자의 일로, 가사는 여자의 일로 여겨졌다.
- **대학**, 그리고 그와 결부된 학문적 직업들은 수백 년간 여성의 접근을 허용하지 않았다. 대학 교육을 받은 남자 지식인들이 도시와 시골의 주요 공직을 대거 차지했고, 의사·공증인·소송 대리인 등 꼭 필요한 사람들도 그들이었던 반면, 여자들은 대학 교육을 받지 못했기에 그저 보조하는 직책으로 밀려났다. 예를 들어 여자는 전문의는 될 수 없었고, 조수·간병인·산파로 일했다.

여성 역사학자 **아네테 쿤**에 따르면, 중세 여성에 관한 많은 연구가 '여성들이 자본주의 경제 발전에서 배제된 이유와 조건들이라는 핵심 문제'[25]를 중심으로 수행되고 있다. 미국의 여성 역사학자 마타 하월[26]을 따라, 쿤은 여성 노동 안에서 서로 교차하는, 연관되지만 상이한 두 체계를 구별하고 있다. 첫째 체계는 '여성이 어머니·성의 상대역·신앙인·시민으로 생계(식량·의복 등)와 시장을 위해 노동하는 영역'이다. 물론 이것은 둘째 체계와 교차된다. "자본주의 시장에서 출발하는 경제적 운동이라는 의미에서의 경제는, 무엇보다도 노동의 위계화와 노동에 대한 동등하지 않은 평가(예컨대 수익성이 높은 노동과 낮은 노동)로 귀결된다."[27] 여성의 삶에 있어서의 특정한 모순들은 전통적 가정경제와 새로운 상업 자본주의라는 이 이중성에 근거해 설명될 수 있다. 지금까지 경제에 관해 너무 많이 이야기한 것 같다. 그러면 교회는 어떠했던가?

7. 교회 안에서의 여성 배제

교회도 극히 이율배반적인 모습을 보여 주었다. 교회가 **결혼**에 관한 신학과 실천을 통해 사회 안에서 여성의 **가치 증대**에 공헌했음은 분명히 인정해야 한다. 12세기, 결혼에는 본질적으로 쌍방의 의사 표시, 즉 당사자들의 **동의**가 요구된다는 것을 교회가 관철시켰는데, 이는 배우자들의 근본적 동등성을 전제로 한 것이었다.[28] 또한 교회는 오랫동안 존속해 오던 비밀 결혼(내연 관계)의 폐해에 맞서, 결혼이 정식으로 공공연히 이루어지게끔 하는 데도 공헌했다. 과연 교회는 특히 페트루스 롬바르두스와 토마스 아퀴나스가 일곱 성사에 대한 교리를 발전시키던 당시에, 결혼에 성사의 지위를 부여하고 결혼의 불가해소성을 확증했으며 여성의 자의식을 계발·강화시켰다.

그러나 다른 한편으로, 교황이 그리스도교계의 '아버지'로, '교회'(교권제도)가 '어머니'로 등장하고, 독신제가 재속 성직자들에게 강요되고, 교회법 편찬이 크게 증가함에 따라 바로 그 교회가 권력 구조와 규범들의 **가부장주의화**를 촉진·심화시켰다. 바야흐로 (부분적으로는 법률적으로도) **여성 배제**가 시작되었는데, 이것이 오늘날까지 로마 가톨릭 패러다임의 특징으로 남아 있다. 당시 **군주의 아내**는 궁녀들의 배종陪從을 받으며 남편 뒤로 적당한 거리를 두고 자리 잡아야 했다. 영적 권위도 지녔던 **수녀원장들**이 재치권적 권한만 보유하게 되었다. **상속권**은, 구약성경에 근거하여, 남자(부계) 후손에게만 귀속되었다(남자 후손이 없는 경우는 예외). 더 중요한 사실은 다음과 같다:

- **교회법**은 (이미 1140년경 「그라티아누스 법령집」에서부터) 자연법에 근거하여, 남편에 대한 아내의 복종을 확증했다.

- 여성 실존의 **교회적 이상**은 바로 세속의 속박에서 벗어나 하느님 뜻에 맞는 금욕적 삶을 영위하는 **수녀**였다. 그러나 12세기에 태동한 평신도 문화와 궁정 문학은 세속 여성의 새로운 이상을 보여 주었는데, 이 이상은 궁정 가인歌人들(흔히 간과되지만, 이들 중에는 여자도 있었다)이 즐겨 묘사했고 이탈리아 르네상스 시대에도 계속 발전되었다.
- 여자는 **교회**의 모든 **직무**에서 배제되었으며, 여성 우호적이던 카타리파와 왈도파가 민중에게 호응을 얻었던 까닭에, 여성 설교도 다시 금지되었다.

1170~1180년경 리옹의 상인 페트루스 왈도를 중심으로 형성된 **왈도파**의 청빈 운동은 예수의 남녀 제자들의 삶의 방식을 재현하고, 그리스도교 신앙을 본래의 순수한 형태로 회복시키려 했다. 교회 내의 이런 평신도 운동에서는 공적 설교에 여성들을 동등하게 포함시키는 것을 아주 당연하게 여겼다. 교회 고위층의 눈엣가시였던 왈도파는 1184/85년 파문되었고, 1215년 제4차 라테란 공의회에서 결국 '이단'으로 단죄되었다.[29]

여성의 동등권과 관련해서는, 교회의 인가를 받은 수도회에서도 (애석한 일이거니와) 사정이 낫지 않았다. 여러 남자 수도회는 자기네 자매 수녀회의 창설조차 가로막았다. 도미니코와 프란치스코의 영성으로 새로 생겨난 종교적 **여성 공동체들**은 (때로는 여성들 자신의 소망에 따라, 그리고 대개는 교황청의 처분에 따라) 결국 지향·이념이 비슷한 남자 수도회 아래로 들어갔고, 그리하여 교회법에 의해 확정된 수도회 생활양식들 안으로 통합되었다. 그 밖에 제일 먼저 네덜란드에서 종교적·경제적 동기로 결성되었고, 공예와 자선 활동으로 생계를 꾸리며 세속에서 살아가던 중·하층 출신의 '하느님께 봉헌된 동정녀들과 과부들'의 공동체들은 심지어 이단으로 몰리기도 했다. 그들의 이름 '베긴회'(Beginen)는 '알비파'(Albigensis)의 줄임말로 들릴 수도 있었으니, 이단자 취급 받기 십상이었다(1311년 비엔 공의회에 의해 활동 금지됨). 여기서도 교회에 의한 박해의 역사가 다시 한번 쓰여졌거니와, 이것은 베긴회의 형제 공동체 곧 남자 베긴회(Begarden)에도 해당된다.[30]

당시 교회 테두리 안에 있던 여성들은 사회가 제공해 주지 않는 **자유로운 영역들과 활동 기회들**을 얻을 수 있었다는 사실도 간과하지 말아야 한다. 특히 종교적으로 교회와 결속된 독신녀와 과부들은 알찬 교육과 활동 기회를 제공하는 안전하고 충만한 삶을 발견했고, 여성으로서의 새로운 자의식을 강화해 나갔다. 여기서도 에디트 에넨의 지적은 타당하다. "전환기였던 12, 13세기에 많은 여성이 자유로운 결단에 터해, 오직 예수를 따르기 위해 수녀원으로 몰려들었다."[31] 이와 관련하여, 귀족들이 수녀원을 딸이나 미망인들의 보호 시설로 자주 이용했다는 사실도 염두에 두어야 한다. 그러나 이 사실은, 도시의 유복한 부모를 둔 여성들이 수도원 밖에서도 읽기·쓰기·신앙교리 등의 기초교육을 받을 수 있었으나 전문적인 교육을 받는 경우는 아주 드물었다는 사실보다 덜 중요하다.

이처럼 **수도원에 몰려드는 현상**을 여성을 위한 정치적 자유 운동과 혼동해선 안 된다. 이 현상은 베네딕도회·시토회·프레몽트레회 그리고 마침내 프란치스코회와 도미니코회 수사들의 남성 세계로부터 여성 세계로 퍼져 나가면서 갈수록 저변층도 사로잡던 신심 운동에 상응하는 것이었다. 그러나 중세 초기 수녀원들은 거의 전부가 명문 귀족 출신 여성들을 위한 것이었다. 이런 계급의식이 얼마나 뿌리 깊었는지는, 바로 당시의 가장 걸출한 수도회 여성 **빙엔의 힐데가르트**(1098~1179)[32]가 뚜렷이 보여준다. 그녀는 12세기에도 귀족의 특권을 고집하려 했는데, 클뤼니회·히르사우회와 시토회 같은 주도적 남자 수도회들은 출생에 근거한 특권을 이미 오래전에 포기했었다. 물론 신분에 근거한 이런 분리는 오래 유지되지 못했다. 아무튼 이제 갈수록 많은 도시 명문 귀족 여성들, 하급 귀족과 시민들의 딸과 아내들이 (온전히 복음을 따르기 위해, 그러나 또한 결혼생활을 하지 않고 경제적 · 사회적 안전과 자립을 얻기 위해) 수녀원으로 몰려들었다. 하지만 중 · 하층 출신 여성들은 수녀원에 한자리 얻기가 종종 매우 어려웠다(지참금이 없거나 수녀원이 만원이라서).

수녀들이 교회 정치에 적극 관여하는 일은 아주 드물었다. 빙엔의 힐데가르트, 스웨덴의 비르기타, 시에나의 카타리나 그리고 훗날 아빌라의 데레사 등은 그야말로 예외로서, 새삼 통례를 확인해 줄 따름이다. 그러나 중세 중기와 말기에 여성들이 — 문학(간더스하임의 로스비타)과 공예 · 직조 · 자수는 제쳐 놓고 — 남성들에 버금갔거나 종종 남성들보다 풍부한 상상력과 독창성을 발휘했던 분야가 하나 있었으니, 바로 신비주의다. 과연 빙엔의 힐데가르트는 다재다능한 문필가요 깊은 꿈을 꾸는 신비가였다. 그녀는 어두운 예언들과 시적 찬미가들을 담은, 세상의 속뜻을 풀이하는 신비주의적 작품들(저 유명한 「길들을 알아보라」를 상기하라)뿐 아니라, 박물학과 의학 문헌들도 저술했는데, 이것들은 오늘날 중세 초기 중부 유럽의 박물학 지식에 관한 가장 중요한 저작들이다. 70편의 영적 시가를 남긴 그녀는 세 차례의 설교 여행을 했다. 빙엔의 힐데가르트는 영성과 경험적 감수성 그리고 폭넓은 실천적 관심을 심원한 신비주의와 결합시킨 비범한 여성이었다. 이제 신비주의를 좀 더 상세히 고찰해야겠다.

8. 신비주의의 빛과 그늘

여성들이 독일 신비주의[33]에서 아주 특별한 역할을 했다는 것은 논란의 여지가 없다. 그러나 흔히는 그 의의가 마이스터 엑카르트 · 요한 타울러 · 하인리히 소이세 · 얀 반 로이스브뢰크 같은 걸출한 남자들에게 가려 빛을 발하지 못했다. 12세기에 수녀원장 힐데가르트가 지도하던 라인 강 부근 베긴의 베네딕도회 수녀원이 신비주의 중심지의 하나였고, 13세기에는 '독일 수녀원의 영관榮冠'으로 여겨지던 헬프타(훗날 루터가 출생하고 사망한 아이스레벤 부근)의 시토 수녀원이 그러했다. 헬프타 수녀원에서는 하케보른의 게르트루트가 활동했는데, 그녀는 겨우 19세에 원장으로 선출되어 41년간 수도원을 이끌었다. 또한 마찬가지로 신비주의적 천분을 타고난 그녀의 동생 메히트힐트, 나중에는 아주 어려서 수녀원에 들어온 헬프타의 게르트루트(나중에 '대'게르트루트로 불림)도 여기서 살았다. 끝으로 막데부르크의 메히트힐트도 이곳에서 활동했는데, 그녀는 일찍이 '하느님으로부터 흘러나오는 빛'에 관한 6권의 책을 저술하여, 벌써부터 신비가로 이름을 날렸다. 베긴회 회원으로서 도미니코의 규칙을 따라 살던 메히트힐트는 자신의 신비 체험을 (독일어로는 최초로!) 사람들에게 전했는데, 수도회와 재속 성직자들을 비판했기 때문에 바로 도미니코 수도회 안에 많은 적수를 만들었다. 그녀가 불의와 비방을 쓰라리게 탄식하고 결국 헬프타 수녀원에 들어오게 된 데는 충분한 이유가 있었던 것이다.

한편 그리스도교에서는 신비주의가 그저 풍요화의 요소에 그치지 않고 중심적 위치를 차지할 조짐이 보였던 곳에서는 어디서나 반대와 저지를 당했는데, 이는 놀랄 일이 못 된다. 말씀과 성사를 중개하는 자신의 독점권을 상실할까 두려워하던 **로마 가톨릭 관청교회**와의 충돌이 마치 그림자처럼 신비주의의 대두를 따라다녔다. 그런데 왜 여기(P Ⅲ)서는, 동방(P Ⅱ)에서와는 달리, 파문·탄압·종교재판뿐이었던가? 디오니시우스 차명借名 저작들의 번역자 요한네스 스코투스 에리우게나는 예정론에 관한 견해 때문에, 855년 발렌스 공의회에서 단죄되었다. 신비가들의 저술은 거듭 새삼 의심을 받았으니, 과연 마이스터 엑카르트·아빌라의 데레사·십자가의 요한·마담 귀용(그리고 그녀의 비호자 페늘롱) 같은 위대한 신비가들이 종교재판에 넘겨졌다. 베긴회원이며 1300년경 『순박한 영혼들의 거울』을 저술한 여성 신비가 **마르게리테 포레테**는 1306년 캄브라이의 주교에 의해 이단자로 단죄되었다. 그러나 유죄판결 후 네 가지 언어와 여섯 종류의 판본으로 번역·출간된 그녀의 저작은 익명으로 계속 살아남았고, 짐작건대 마이스터 엑카르트에게 중요한 영향을 끼친 것으로 보인다.³⁴ 1308년 또다시 기소된 그녀는 파리로 이송되어 종교재판(재판에서 그녀는 자기 교설에 대한 입장 표명을 거부했다)을 받았고, 1310년 마침내 장작더미 위에서 화형당했다.³⁵

물론 원칙적으로 유념해야 할 것은, 신비주의적 기도가 그리스도인들에게 중요한 의미를 지닐 수 있으나, 마치 신비적 침잠이 최고의 기도이기나 한 듯이, **규범성을 요구·주장할 수는 없다**는 것이다! 그러므로 예를 들어 종교사의 가장 출중한 신비가의 한 사람인 천재 여성 **아빌라의 데레사**에게 아무리 경탄을 금치 못한다 할지라도, 다음 사실을 명심해야 한다: 신·구약 성경에는 무슨 내면의 기도 혹은 마음의 기도라는 이상理想이 없으며, 신비적 체험과 상태를 관찰·묘사·분석하라는 권고도 찾아볼 수 없고, 황홀경에까지 이르는 기도의 단계들도 나오지 않으며, 특별한 종교적 천성을 전제하는 기도에 대한 강조도 발견되지 않는다. 신비적 기도는 은사다. 그러나 다른 여러 은사 가운데 하나일 뿐, 최고의 은사가 아니다. 신비적 기도는 사랑에서 정점에 이르는 예수 추종에 봉사할 수 있으나, 그것 자체가 목적이 된다면, 예수 추종에서 떨어져 나갈 수도 있다.

비록 이 신비주의가 신학과 교회를 위한 새로운 패러다임을 전혀 이끌어 내지는 못했지만, 중세의 신심은 신비주의, 특히 여성 신비주의를 빼놓고는 생각할 수가 없다. 뿐만 아니라 중세의 신심은 마리아 신심의 융성을 **빼놓고도** 생각할 수가 없는데, 여기서는 (상당히 좁은 영역에서) 패러다임 전환이 다시 한번 뚜렷이 드러난다.

9. 마리아 공경

처음부터 분명히 알아 두자: 마리아 공경이 라틴적인 중세 전성기에 교회의 관습·축제·예식에서뿐 아니라 문학과 예술에서도 크게 융성했지만, 유념해야 할 것인즉, **마리아 공경은 헬레니즘 비잔틴 패러다임**(P Ⅱ)에서 **처음**으로 생성·발전되었다는 사실이다.[36]

동방에는 근동의 어머니 신들을 숭배하던 오랜 전통이 있었는데, 이것이 '영원한 동정녀'·'하느님의 어머니'·'하늘의 여왕' 숭배의 형태로 마리아 공경에 풍성하게 이용될 수 있었다. 동방에서 처음으로 기도 중에 마리아에게 간청했고("당신의 보호 아래", 3/4세기), 마리아 기념 예식을 전례에 도입했다. 처음으로 마리아 전설이 이야기되고 마리아 송가가 불리고 성당들이 마리아 이름을 따 명명되고 마리아 축일들이 도입되고 마리아 그림들이 그려진 곳도 동방이다.

이런 사실들을 배경으로 해서만, 마리아에 관한 교회의 교의 결정도 설명될 수 있다. 사실 동방의 한 공의회만이 **'하느님을 낳으신 분'**으로서의 마리아에 대한 신앙을 마땅한 의무로 교회에 부과하려는 생각을 할 수 있었으니, 곧 431년의 **에페소 공의회**다. 중대한 결과를 초래한 이 그리스도론적 언명은, 특별히 한 남자의 정치적 이익에 상응하는 것이었음을 오늘 우리는 알고 있다. 그 남자, 곧 알렉산드리아의 키릴루스는 치밀한 책략으로 공의회를 조종할 수 있었다. 그는 마리아를 **'그리스도를 낳으신 분'**(christotókos)이라 부르던 안티오키아의 반대파가 도착하기도 전에, 자신의 정의定義, 즉 '하느님을 낳으신 분'(theotókos)을 관철시키는 데 성공했다.[37] 이것은 성경과 거리가 먼 새로운 존칭이었는데, '하느님의 어머니' 등 더욱 오해받기 쉬운 표현들이 생겨나게 할 터였다.

아무튼 오직 동방, 곧 에페소에서만 이런 마리아론을 관철시킬 수 있었는데, 그렇지 않아도 '위대한 어머니'(원래 처녀신 아르테미스=디아나)를 숭배하던 그 도시 주민들은 대체代替 '여신' 마리아를 열광적으로 받아들였다. 그 대가로 치러야 했던 신학적 희생은 그런 열광에 휩쓸려 거의 간과되었다. 마리아의 신모성神母性에 관한 이 정식은 (훗날 칼케돈 공의회가 바로잡은) 단성설의 혐의를 받았다. 여기서는 마치 그리스도가 단 하나의 본성, 즉 신적 본성만 지니고 있는 듯 보인다. 하느님의 '아들'로서 믿는 이들을 위한 하느님의 계시인 한 인간이 태어나는 것이 아니라, 마치 '하느님'이 태어날 수 있기라도 한 듯이! '하느님의 어머니'라는 이 말은 유다인들이 예나 지금이나 그리스도교를 불신·반대하고, 많은 무슬림이 오늘날에도 그리스도교의 삼위일체를 하느님(아버지)·마리아(어머니)·예수(자식)의 삼체로 오해하고 있는 것에 상당한 책임이 있다.

이와는 달리 **서방**에서는 마리아에 관한 동방의 신심 형태들이 관철되는 데 저항이 따랐다. 라틴 중세 패러다임(P Ⅲ)의 신학적 아버지 아우구스티누스에게서는 마리아에 대한 찬가도 기도도 발견되지 않는다. 마리아 축일들에 관한 언급도 없다. 이것은 주목해 마땅하다. 5세기에 들어서야 비로소 마리아를 찬미하는 최초의 라틴어 인사말("복되시도다, 거룩하신 어머니여": 켈리우스 세둘리우스)이 나타났는데, 여기서부터 6세기 말엽 라틴어 (그리고 후엔 독일어도) 마리아 시가들이 점차 풍성하게 발전해 왔다.[38] 이제는 로마도 뒤따르기 시작했다. 6세기에 마리아의 이름(그리고 '하느님의 어머니' 칭호)이 미사경본에 들어왔다. 7세기에는 동방의 마리아 축일들(수태 고지·고향 방문·탄생·정화)이 도입되었다. 10세기 말엽에는 마리아에게 바치는 기도의 기적적 효력에 관한 전설들이 생겨났다. …

중세 마리아 숭배의 절정기는 두말할 것 없이 11, 12세기였는데, 이는 시토회 수도자 **클레르보의 베르나르**의 영향을 빼놓고는 생각할 수 없다. 그동안 신학적 강조점들이 갈수록 크게 바뀌었다. 신약성경에 묘사된 예수의 지상 어머니 마리아의 구체적 활동은 전면에 부각되지 않았다. 이제 결정적으로 중요한 것은, 평생 동정이신 하느님의 어머니요 하늘의 여왕 **마리아의 우주적 역할**이었다. 마리아에 대한 이상화와 찬미의 과정이 이와 결부되었다. 옛 교부들은 거리낌 없이 마리아의 도덕적 과실에 관해 말했으나, 이제는 갈수록 마리아의 전적인 무죄성이, 아니 그녀의 출생 전부터의 성성聖性이 주장되었다.

그러므로 12세기 이래 심지어 **마리아는 원죄**(아우구스티누스 이후 이를테면 가톨릭교회의 근본 교의 같은 것이었다)**에 물들지 않았다**고 공공연히 주장하는 개인적인 목소리들이 있었다는 것도 사실 필연적이었다고 하겠다. 인류 전체의 운명으로부터의 그러한 예외는 처음에는 신학자들, 특히 토마스 아퀴나스의 반대 때문에 배격되었다. 그러나 이런 반대가 훗날 저명한 프란치스코 수도회 신학자 둔스 스코투스(1308)가 일종의 '사변적 해결책'을 찾아내 제시하는 것을 저지하지는 못했다. 어떻게 원죄의 보편성에 관한 교의를 고수하면서 동시에 마리아에게 예외를 인정할 수 있을까? 스코투스는 이 물음에 답하기 위해 순전히 신학적 조립물인 마리아의 '선취先取 구원'이라는 개념을 만들어 냈다. 아무튼 이제 마리아에 대한 지극한 공경의 과정은 저지할 수 없게 되었다. 사람들은 일반적인 성인 공경(dulía)과 마리아에 대한 보다 강화된 공경(hyper-dulía) 그리고 하느님께 대한 흠숭(latría)의 구별을 형식적으로는 여전히 고수했다. 하지만 실제적으로 마리아의 피조성과 인간성은 흔히는 거의 아무런 역할도 하지 못했다.

사실 신앙 교리상의 마리아와 신심상의 마리아는 별개 존재였다. 예수처럼 마리아도 (특히 베르나르, 그리고 각별히 아시시의 프란치스코의 영향 아래) **민중 신심** 안에서 풍부한 인간적 면모들을 지니고 있었다. 마리아는 많은 기도·찬가·노래·그림·조각에서, 하늘로 옮겨간 숭고한 신적 그리스도보다 인간들의 근심 걱정을 더 잘 아는 자비의 화신, 당신의 천상 아들 곁에 있는 무소불위의 중재자, 사랑과 호의에 가득 찬 인물로 나타났다. 고딕 양식은 이 신심을 위해 감명 깊은 '보호의 외투外套 마돈나'를 만들어 냈다. 이것은 수백만의 사람이 마리아에게서 분명히 느끼는 것을 비할 바 없는 방식으로 표현했다. 그녀는 특히 보잘것없는 사람들·억눌린 자들·불안에 떠는 자들·변두리로 밀려난 사람들의 비호자였다. 여기서 '아래로부터의' 마리아론의 일단一端이 드러나거니와, 이것은 신학자와 수도자 그리고 교권제도가 만들어 낸 '마리아'에 관한 강력한 교의들과 뚜렷한 대조를 이룬다. 이런 사정에 비추어 볼 때, 12세기 이래 성경의 **'성모송'**이 민중에게 널리 사랑받은 것 또한 당연했다고 하겠다. '성모송'은 '주님의 기도'와 더불어 가장 널리 보급된 기도가 되었는데, 죽음의 순간에 도와주십사는 청원이 담긴 오늘날의 형태로 바쳐지게 된 것은 물론 1500년 이후의 일이다. 또한 13세기 이래 매일 세 번씩 울리는 '삼종'三鐘과 13~15세기 이래 장려된 '묵주기도' 역시 민중들에게 큰 사랑을 받았다.

10. 일치운동적 마리아상?

중세 사람들은 한 가지 일만은 삼갔으니, 새로운 **마리아 교의들**의 선포가 그것이다. 이 일은 19, 20세기의 교황들(비오 9세와 12세)을 위해 남겨져 있었다. 특히 비오 9세는 자신의 정치적 입장 때문에 두 교의로 교회에 무거운 짐을 지웠다. 일찍이 계몽주의 · 과학 · 민주주의 · 종교 자유를 반대하는 반혁명적 보수주의에 터해 아무런 성경상 근거 없이 마리아의 무염시태(원죄에 물들지 않고 잉태됨)를 정식 교의로 들어 높였던(1854) 비오 9세는, 16년 후에는 제1차 바티칸 공의회(1870)의 도움으로, 교황의 수위권과 무류성도 받아들일 것을 온 교회에 강요했다. 제2차 세계대전이

끝난 후, 비오 12세가 이 노선을 계승했다. 공명심에 사로잡힌 그는 (로마적 승리주의에 터해, 개신교와 정교회 그리고 가톨릭 내부의 우려를 아랑곳하지 않고) 마리아가 육신 그대로 천상 영광 안에 받아들여졌음(몽소승천)을 아주 씩씩하게 교의로 선포했으니, 자신이 선언한 '마리아 시대'의 절정인 1950년의 일이었다.[39] 이러한 '마리아 공경 분위기'에는, 우연찮게도 19세기와 20세기 초에 곳곳에[특히 루르드(1858)와 파티마(1917)] '출두'한 마리아의 많은 발현도 큰 몫을 했다.

그러니까 중세 때는 그렇게 분명치 않던 것들이, 비오라는 이름의 교황들에 의해 뚜렷이 표명된 것이었다. 바로 여기서, 로마 가톨릭 패러다임의 전형적 특징이거니와, **교황 중심주의와 마리아 공경**은 손잡고 나아갔다. 그리고 그 배후를 형성하고 있던 것은 두말할 것 없이 **독신제였다**(앞에서 살펴보았듯이, 이미 중세 세계 속에 깊이 뿌리박고 있었다). 이런 전개 과정을 앞에 두고, 유럽 최초의 가톨릭 여성신학 교수인 네덜란드의 **카타리나 할케스**는 이렇게 반문하고 있다. "마리아는 교회가 (여성의) 성과 거룩한 것(성사 등)의 중개 사이에 방치해 둔 균열을 정당화해 주는, 남성에겐 비판적이지 않고 여성에게 적대적으로 남용된 그럴듯한 본보기가 아닐까?"[40] 중세의, 그리고 20세기에도 중세적으로 머물러 있는 로마 가톨릭 교권제도[자신의 문장(紋章)에서 마리아의 M자 때문에 십자가를 가운데 자리에서 옆으로 옮겨 버린 요한 바오로 2세 같은 교황을 정점으로 한], 사목자 없는 수천 개 본당을 눈앞에 보면서도 성직자 독신제를 선전하고 결혼생활에서 성적 욕구를 자녀 출산에만 얽어매려고 하는 로마 가톨릭 교계제도는 마리아라는 존재를 통해 독신 성직자들을 위한 대상代償 인물을 만들어 냈으니, 사람들은 이 인물에게서 '영적인 방법으로' 친밀함·호의·여성다움·모성을 경험할 수 있을 것임이 분명하다. 이런 정책이 얼마나 무서운 정신적 결과를 초래할 수 있고 또 사실 초래했는지는 오이겐 드레버만이 많은 사례를 통해 분석·기술한 바 있다.[41]

이 로마 가톨릭교회의 마리아 공경이 그리스도교 **일치운동**에 끼친 영향도 유념해야 한다. 개신교 신학자 위르겐 몰트만의 확인은 정당하다. "(솔직하고 냉정하게 확인해야 마땅하거니와) 지금까지 마리아론은 일치운동에 도움이 되기보다는 방해가 되어 왔다. 갈수록 발전해 온 마리아론은 그리스도인들을 유다인들로부터, 교회를 신약성경으로부터, 개신교 그리스도인들을 가톨릭 그리스도인들로부터 그리고 그리스도인 전체를 현대인들로부터 멀리 떼어 놓았다. 교회 마리아론의 성모님은 예수의 유다인 어머니 미르얌과 같은 분인가? 우리는 미르얌을 성모님에게서 다시 발견할 수 있는가? 우리는 교회가 성모님의 이름으로 야기한 분리와 균열에 입각하여 서로에게 물음을 제기해선 안

되며, 오히려 유다인 어머니 미르얌 자신에 관해 되물어야 하지 않을까?"⁴²

중세 패러다임 안에서의 이런 전개 과정을 고려하건대, **교회의 미래**를 위해 일종의 재의식화가 필요하다. 마리아상像은 특정한 이상과 표상들에서 (독신 사제들의 남성 중심 교권제도의 이상뿐 아니라 여성의 대상代償적 정체성 추구 이상에서도) 해방되어야 한다. 그러나 이것이 신학 · 교회 · 신심의 역사에서의 마리아의 의미를 폄훼하거나, 나아가 폐기하는 일이 되어서는 안 된다. 여기서 참으로 중요한 것은 오히려, 우리 시대를 위해 마리아상을 원천에 터해 해석하고, 또 그리하여 여성 적대적이고 왜곡된 상투적 관념 · 표상들에서 해방시키는 일이다.

우리의 목표는 모든 그리스도 교회 안에서 루카 복음서의 저 말씀이 다시금 통용될 수 있도록, 참으로 **일치운동적인**(에큐메니컬) **마리아상**으로 나아가는 길을 열어 가는 것이어야 한다. "이제부터 과연 모든 세대가 나를 행복하다 하리니."⁴³

마리아가 여권운동가(페미니스트)들에게 정체성 확립을 위한 힘과 영감을 고취하는 인물이 될 수 있는가라는 문제는 그들 사이에서 아직 논란이 분분하다. 아무튼 일치운동적 마리아상을 확립하기 위해서는, 다음과 같은 준선準線들을 따르는 것이 중요하리라 생각한다:

- 신약성경에 따르면, 마리아는 어디까지나 한 **인간**이지 천상 존재가 아니다. 신약성경의 마리아상은 극히 사실적이며 때로는 자기모순적이기도 하다. 가장 일찍 쓰인 복음서는 모자간의 갈등만 전해 주고 있다. 예수의 다른 가족들과 마찬가지로, 그의 어머니도 예수가 미쳤다고 생각했다.[44] 첫 복음서는 그 밖에 전설적인 탄생 이야기, 동정녀로부터의 출생, 십자가 아래나 부활 발현 때 현장에 있었다는 사실도 언급하지 않는다. 그리스도교 예술사를 통해 그리스도교계에 그토록 깊이 각인된 그 모든 이야기는 뒤늦은 복음서들이 비로소 전해 주는데, 이 책들은 마리아를 신심 깊고 순종하는 여인으로 묘사하고 있다.[45] 그러므로 신약성경 안에서부터 역사상 인간 마리아와 상징적 인물 마리아(동정녀 · 어머니 · 신부 · 여왕 · 전구자)[46]를 구별해야 한다.[47]

- 신약성경의 증언에 따르면, 마리아는 **예수의 어머니**다. 인간이요 어머니로서 그녀는 예수가 참으로 인간임을 증언한다. 그리고 예수의 인간 존재에 대한 이 증언은, 역시 신약성경이 강조하는 신앙, 즉 예수라는 존재는 궁극적으로 오직 하느님으로부터만 설명될 수 있고 그의 깊디깊은 근원은 하느님 안에 있으며, 그는 믿는 이들에게는 하느님이 파견하신 선택된 아들이라는 신앙과 전혀 상충되지 않는다.[48]

- 마리아는 **그리스도 신앙**의 본보기요 **전형**이다. 루카에 따르면, 영혼을 꿰찌르는 칼·반대·갈등을 피할 수 없는, 그리고 십자가 앞에서 가장 가혹한 시련을 겪어야 하는 그녀의 신앙은 사실 그리스도 신앙의 극명한 본보기다.[49] 마리아는 무슨 유별난 믿음이나 하느님 신비에 대한 특별한 통찰을 보여 주지 않는다. 오히려 그녀의 믿음도 하나의 역사를 겪어 나가며, 그리하여 그리스도 신앙의 길을 온전히 그려 보여 준다.
- 마리아는 당신 아들 **나자렛 예수의 일**에 주의를 환기시켜 준다. 마리아의 일은 바로 예수의 일, 곧 하느님의 일이다. 이 점 또한 루카는 올바로 강조했다. 마리아의 핵심적인 말 '그대로 제게 이루어지소서'(Fiat)와 '마리아의 노래'(Magnificat)는 오늘날에도 중요한 의미를 지닌다. 마리아는 "통치자들을 왕좌에서 끌어내리시고, 비천한 이들을 들어 높이시는"[50] 하느님을 찬미한다. 마리아의 아들 예수도 '전형적으로 남성 중심적'이거나 '가부장주의적'인 면모를 전혀 지니고 있지 않다. 마리아의 아들은 오히려 여인들의 친구였으니, 그들을 제자와 협력자로 불러 자신을 따르게 했으며, 그녀들 가운데 마리아 막달레나는 초기 공동체들에서 예수의 참된 친구로 공경받았다.[51]

그러므로 중세 이래 계속되어 온 교회 안에서의 여성 차별을 옹호하는 자들은, 자기들 소행을 정당화하기 위해 미르얌/마리아와 그녀의 아들을 끌어대서는 안 된다.

마리아와 예수는 여자들은 입 다물고 순종해야 한다는 계명을 말한 적이 결코 없다. 두 사람 모두 여성에게 이 세상 모든 악의 책임을 뒤집어씌우는 '하와 신화'를 전혀 알지 못했다. 그리고 성을 악마적 세력으로 여기지 않았고, 여성을 육욕의 대상으로 폄하하거나 우주적 유혹자로 비방하지도 않았다. 또한 그들은, 비록 예수는 진기하게도 결혼을 하지 않았지만, 독신법도 몰랐고, 그렇다고 결혼생활을 요구하지도 않았다.

그런 만큼, 바오로 사도가 고양되신 주님 그리스도에 관해 "그리스도께서는 우리를 자유롭게 하시려고 해방시켜 주셨습니다"[52]라고, "주님의 영이 계신 곳에는 자유가 있습니다"[53]라고 말할 때, 그는 마리아와 예수의 일을 그들과 한마음으로 이해했다고 하겠다.

이 자유의 영역 안에는 성차별, 여성 경멸, 성·감성·여성 육신의 금기시, 남성 중심 교권제도에 의한 여성 억압 따위가 들어설 자리가 전혀 없다. 그리스도께서 체현하신 이 자유의 영역에서는 다음의 말씀이 통용된다. "남자도 여자도 없습니다. 여러분은 모두 그리스도 예수님 안에서 '하나'입니다."[54]

어쨌든 교황 중심주의, 마리아 공경 그리고 독신제의 위기(이것은 오늘날 전통적인 가톨릭 신자들에게도 공공연한 사실이다)는 이미 중세 말엽에 모습을 드러내기 시작했고, 16세기 초 마르틴 루터의 종교개혁으로 이어졌다.

4장 종교개혁 시대의 여성

11세기 그레고리우스 개혁과 로마 가톨릭 패러다임의 대두 이후, 루터의 종교개혁만큼 서방 그리스도교계에 엄청난 결과를 가져온 중대 사건은 없었다. **마르틴 루터**는 16세기에 새 시대의 개막을 선포했다. 교회와 신학의, 아니 그리스도교 전체의 또 하나의 패러다임 전환, 중세 로마 가톨릭 패러다임(P III)으로부터 종교개혁 개신교 패러다임(P IV)으로의 전환이었다.

1. 루터 종교개혁의 근본 동인

마르틴 루터는 **복음으로 돌아가고자** 했다. 당시 하고많은 교회 전통·법률·권위들이 있었다. 그러나 루터에게 그리스도 신앙의 척도는 '오직 성경'이었다. 하느님과 인간 사이를 중재하는 성인들과 공식적 중개자들도 많고 많았다. 그러나 루터에게 중보자는 '오직 그리스도'였다. 또한 영혼의 구원을 얻기 위해서는 교회가 규정한 온갖 경건한 종교적 선행 급부와 노력이 필요했다. 그러나 루터에게 인간은 '오직 은총으로', '오직 믿음으로' 구원된다. 이러한 루터의 비판적 새 출발은 혁명적 결과를 낳았다:
- 라틴적 **희생제사로서의 미사**와 **사적 미사**에 대한 비판: 그 결과 이제 예배의 중심은 설교와 희생제사라는 관념에서 벗

어난, 모국어로 집전되는 공동 성찬례(보통 빵을 사용했고, 평신도들도 성혈을 배령했다)였다. 곳곳에서 매일 미사 대신 매일 설교가 행해졌다.

- 오직 한 분 주님이요 중보자이신 예수를 사실상 뒷전으로 밀어낸 교회 **직무**에 대한 비판: 그 결과 사제 개념과 하느님이 제정하셨다는 교권제도, 교회법의 이른바 신적 요소들이 폐기되고, 그 대신 공동체 의식과 교회 직무의 봉사적 성격이 강화되었다(사목자는 성찬례 집전 때 검은 제의를 입고 신자들과 얼굴을 마주 보았다).
- **수도원 제도**와 종교적으로 허용된 구걸(탁발)에 대한 비판: 그 결과 세속 직업을 하느님의 소명으로, 천한 일도 동등한 가치가 있는 것으로, 아니 일종의 예배로 강조하게 되었다.
- 성경에 의해 정당화되지 못하는 교회 **전통**과 가톨릭 신자들 일상의 경건 행업들에 대한 비판: 그 결과 대사大赦·성인 공경·단식 규정·성지 순례·축제 행렬·죽은 이를 위한 미사·성유물 숭배·성수·부적들이 배척되었다. 많은 축일(특히 성체성혈대축일)도 폐기되었다.
- 끝으로 성·여성·결혼·가정의 가치를 무시하고 그리스도인의 자유를 모독하는 비복음적 **독신법**에 대한 비판: 그 결과 사제 결혼에 대한 원칙적 찬성과 결혼 자체의 가치 재평

가가 이루어졌다. 결혼은 성사로서가 아니라, '세속적이되 거룩한 일'로서 교회 안에서 경사스럽게 축복·거행되었다.¹

2. 여성의 지위 변화

이러한 종교개혁이 교회와 사회 안의 여성의 지위와 역할에도 상응하는 결과를 가져왔던가? 바오로 사도가 갈라티아서 3장 28절에서 확언한, 하느님 앞에서 남자와 여자의 동등성이 과연 교회와 사회 안에 존재했던가? 다시 말해서, 신약성경 정신에 터한 여성과 남성의 참으로 동등한 지위[앞서 보았듯이, 초기 교회(P II)에서 이미 저지되었다]가 적어도 종교개혁 시대에는 확립되었던가? 여성들의 지역·신분·교육 수준·신앙 성향·개인적 환경 등이 각기 매우 달랐기 때문에, 이 물음에 대해 우리의 패러다임 분석의 테두리 안에서는 극히 원칙적인 대답만 할 수 있다.

우선 종교개혁으로 시작된 패러다임 전환으로 말미암아, 여성의 지위가 교회뿐 아니라 사회에서도 긍정적으로 변했다는 사실은 인정해야 한다. 그러면 당시 종교개혁이 관철된 지역의 여성들이 그 안에서 살았던 **새로운 총체적 상황/패러다임**(P IV)의 특징은 무엇이었던가? 중세 로마 가톨릭 패러다임(P III) 안의 여

성들에 관한 앞의 상론을 염두에 둔다면, 그 변화가 얼마나 획기적이었는지 쉽게 이해할 수 있을 것이다:

- 중세적 독신 우월성이 이제 **결혼의 가치 재평가**에 의해 밀려났고, 사제 서품의 우위는 일상적 가정생활의 우위에 의해, 수녀의 이상은 아내와 어머니의 이상에 의해, 성의 악마화는 (결혼생활을 통해 충족될 수 있는) 인간의 자연적 본능에 대한 긍정(자녀 출산에 기여하지 않더라도)으로 대체되었다.
- 수도원과 사제 독신법이 폐기되고, 대신 **목사와의 결혼**이 여성에게 구체적인 신앙 공동체 안의 전혀 새로운 활동 영역을 제공했다(목사 아내의 본보기: 루터의 아내 카타리나).
- 여성의 다른 차원들을 희생시키며 동정녀 어머니 마리아를 이상화하던 마리아 공경은 밀려나고, 이미 12세기의 평신도 문화[연가(戀歌)]와 르네상스 이래 나타났던 **세속적인 여성의 이상들**이 강조되었다.

달리 말하면, 종교개혁이 관철된 지역 전체에서, **사제·수사·수녀들과 그들의 금욕적 이상에 의해 규정되었던 세상은 붕괴되었다** — 그것도 결정적으로. 근대에 수도자적·공동체적 삶의 형태들에 대한 꽤 긍정적인 재평가가 시도된 것은 예외로서, 종교개혁 당시의 전반적 정조(情調)를 새삼 확인해 줄 따름이다. 신앙 공동체 구조의 사회심리학적 변화도 간과해선 안 된다. 이제 목사들이 결혼하게 됨으로써, 로마 가톨릭 공동체에서 흔히 나타났던, 여자들이 의식·무의식적으로 결혼하지 않은 한 사람의 '성직자'(사제·수도자)에게 집착하는 경향과, 그에 상응하는 남자들의 미혼 성직자에 대한 의식·무의식적인 거리 두기 따위가 없어졌다.

3. 부부 공동체

마르틴 루터의 수많은 공헌 가운데 하나는, 자신의 신학에서 예전 그 누구보다 **인간 실존을 육체성과 성에 근거해서** 파악했다는 점이다. 루터에게는 남편과 아내의 공동체(친교)와 남편과 자녀에 대한 아내/어머니의 관계가 인간 실존의 기본 사실의 하나였다. 개신교 여성 신학자 **게르타 샤르펜노르트**는 루터의 입장을 다음과 같이 요약한다:

- "하느님의 조물인 남자와 여자는 함께 하느님 모상으로 창조되었다. 육체성과 성은 그들 마음대로 처리할 수 있는 것이 아니다. 그것들은 하느님의 선물이니, 그 자체로 존중되어야 한다."[2]

- 하느님이 인간에게 창조계를 맡기심으로써, '남자와 여자의 공동 책임'이 생겨났다: "창조계, 모든 생명권의 보존, 다음 세대의 인간다운 생활 조건들에 대한 책임."[3] 이런 책임을 남자와 여자는 무엇보다도 아버지와 어머니의 지위 안에서 인식·감당하며, 따라서 이 지위는 다른 모든 종교적·세속적 지위들보다 우선하며 또한 우월하다.
- 남자와 여자는 세례를 통해 "그리스도 안에서 벗이 되도록"[4] 부름 받았다. 루터는 말한다. "세례 받은 아내는 세례 받은 남편의 영적 누이로서, 동일한 성례전·성령·신앙·영적 은사와 재보를 지니고 있기 때문에, 성령 안에서 피상적인 대부·대모 관계보다 훨씬 가까운 벗이 된다."[5]

마르틴 루터가, 특히 (토마스 모어와 에라스무스에게서는 더 뚜렷이 나타나는) 소녀들의 훈육과 학교 교육에 대한 옹호(1524년의 학교에 관한 메모를 보라)[6]를 통해, 실제적으로도 **여성 가치의 존중**에 기여했음은 논란의 여지가 없다. 그리고 마가레테 블라우러(공동체 건설), 그룬바흐의 아르굴라(출판), 엘리자벳 크로이치거(찬송가 작사) 등 여성들도 개신교 교리의 발전·전파·옹호와 신앙 공동체 건설에 자주적으로 참여한 사실도 입증되었다.[7] 물론 앞에서 살펴보았듯이,[8] 이미 중세 중·말엽에도 여성들이 때때로 주도적 역할을 했었다[특히 통치자의 아내(주로 과부)나 수녀원장으로서]. 그래서 영국의 엘리자베스 1세와 몇몇 여성 섭정과 귀족들의 사례가 새삼스러울 것은 없다. 하지만 슬프게도 이 모든 것은 반쪽 진실에 지나지 않는다.

4. 여전히 가부장적인 사회구조

논란의 여지 없는 진보에 혹해서, 종교개혁 패러다임에서도 **사회구조는 철두철미 가부장적**으로 머물렀다는 사실을 망각해서는 안 된다.[9] 남자와 여자는 그리스도 안에서 형제자매요 벗이라는 루터의 중요한 사상 중에서 실제로 남은 것은 결혼의 의무뿐이었다. 여성의 새로운 활동 기회들이 상당히 많이 생겼음에도 불구하고, 남성에 대한 여성의 종속적 역할은 근본적으로 전혀 변하지 않았다. 위계적 복종 구조(남편-아내, 부모-자식, 주인-하인)는 그대로 유지되었다. 결혼도 전과 마찬가지로 부모가 알아서 정했다. 아내는 경제·법률·정치적으로 여전히 남편에게 매여 있었으며, 남편을 고르는 것도 대개 실제적 관점에서 이루어졌는데, 여성 인구가 계속 증가하자 그것도 쉬운 일이 아니었다. 여성들이 중세 말엽부터 도시민 특전의 한몫을 누렸고, 수공업과 상업에서 (그리고 산부인과 의사로서도) 더 많은 직업상 자기 계발 기회를 가질 수 있었지만, 이런 것들이 동등한 권리나 보수와는 아무 관계가 없었다.

이렇게 사회적 영역에서만 성별에 따른 직업과 역할의 구별이 여전히 여성에게 불리하게 고착화되어 있었던 것이 아니다. 종교개혁 교회들에서도(경건파의 위대한 예외는 친첸도르프다) 여성들은 '성례전, 영적 은사와 재보'에서 동등한 몫을 결코 누리지 못했다. 아니, 여성들은 전과 다름없이, **국가·교육기관·교회에서 전혀 결정에 참여하지 못했다.** 오히려 17세기에 개신교 정통주의가 군림하게 되자, 전쟁·경제 침체·구직난 등의 이유로, 여성들은 다시금 답답한 집안일에 갇히게 되었다. 과연 어느 정도였을까?

- 여성들은 교회의 모든 주요 **직무**에서 계속 배제되었다. 그저 교리교사와 교회 고용인 등으로만 일할 수 있었다.
- 여성의 성례전 거행은 물론, 중세 때 대부분 이단으로 낙인 찍힌 여러 운동들(예: 왈도파)에서 시행되었고 많은 인문주의 학자들이 요구했던 **설교**도 여성들에겐 전반적으로 금지되었다.
- 예전에는 수도원 안에서 안전하고 의미 있는 실존을 영위할 수 있었던 **미혼 여성**들을 위한 교육·활동 기회들과 자유로

운 공간이 이제는 사라져 버렸고, 그로써 그녀들의 자주적 삶의 토대도 **빼앗겼다**.
- 그러나 다른 한편, **자신의 가치에 대한** 여성들의 **의식은**, 종교 교육과 이제는 자유로워진 성서 독해·연구를 통해 당연히 강화되었다.

5. 칼뱅파와 영국 교회에서의 여성

이 모든 것은 미국의 여성 역사학자 **제인 뎀프시 더글라스**(프린스턴)가 많은 연구에서 강조했듯이, **칼뱅파** 지역에도 원칙적으로 해당된다.[10] 칼뱅 역시 중세의 가부장주의적 전통을 계승했다. 그에게도 남성과 여성의 영적 동등성(동일한 영혼, 현세 삶에서의 동일한 은총 그리고 부활을 통한 동일한 완성에 근거한)과, 남성에 대한 여성의 종속과 같은 사회적 불평등이 병존하고 있다. 이러한 한에서, 그리스도교는 칼뱅에게서도 결코 현대적 의미의 해방으로 작용하지는 못했다.

그럼에도 (고대의 명의名醫 갈레노스를 따른) 칼뱅은 아우구스티누스나 토마스와는 달리, 여성은 태아의 생성에 **생물학적으로 능동적 역할**을 하지 못한다는 아리스토텔레스의 견해를 배척했음을 유념하자. 16세기에도 여전히 여성의 육체적 강인함과 지적 능력을 의심하는 의사들이 상당히 많았지만, 점차 아리스토텔레스를 반대하여 여자는 '결여된 남자' 이상의 존재라는 데 의견의 일치가 이루어지기 시작했다.

아무튼 칼뱅은 여성의 임직任職을 반대할 때도 육체적 성질에 근거해 논증하지 않았다. 여성은 천성적으로 사제직 수행에 필요한 능력을 타고나지 못했다고 주장하며 여성이 교회의 공적 직무 맡는 것을 생물학과 신법에 근거해 반대 논증했던 토마스 아퀴나스와는 달리, 칼뱅은 '단지' 인간과 교회 또는 국가의 법질서를 반대 근거로 내세웠다. 이것은 여성을 위한 실질적 결과에 있어서는 토마스의 주장과 다를 바 없었지만(이 점에서 칼뱅은 여성 서품의 선구자가 아니다), 어쨌든 결정적 장점을 지니고 있었다. 즉, 이 남성 중심적인 규범의 변화 가능성을, 적어도 원칙적으로는, 이제 더 이상 생물학적 논거를 내세워 거부할 수는 없게 되었다. 과연 그 가능성은 훗날 변화된 시대에 현실이 되었다. …

좀 더 상세히 고찰하면, 국가·교파·역사적 상황에 따라 여성의 역할이 매우 달랐다는 것을 곧 알게 된다. 이 사실은 '개신교 역사에서 여성들'(재세례파·퀘이커·감리교)에 관한 연구를 통해서 입증된 바 있다.[11] 오스트레일리아 여성 역사학자 **파트리치아 크로포드**도 1500년에서 1720년 사이의 **영국** 여성들과 종교에 관한 연구에서 이 사실을 지적해 주고 있다.[12] 그녀의 연구는 시사해 주는 바가 많은데, 무엇보다도 예전의 연구가 이미 다루었던 여성들, 즉 영국의 종교개혁과 관련하여 중요한 역할을 했던 여성들을 서로 연계시켜 고찰하고 있기 때문이다. 헨리 8세의 두 번째 왕비 **앤 불린**은 개신교 성향 주교들과 개혁 지향적 성직자들 그리고 개신교 저술가들의 비호자였고, 다른 귀부인들과 함께 국왕 주변 개혁가들 가운데서 핵심적 역할을 했으며, 왕에게 수도원들을 폐쇄하도록 부추겼던 듯하다. 다른 쪽에는 토마스 모어의 출가한 딸 **마거릿 로퍼**가 있는데, 많은 교육을 받은 그녀는 그리스어와 라틴어 종교 서적들을 영어로 번역했고,[13] 에라스무스의 라틴어 '주님의 기도' 주석서도 번역·출간했다. 끝으로 예언의 은사를 받은 젊은 수녀 **엘리자벳 바턴**이 논란거리가 되고 있는바, 이 사람에 대해서는 환시 은사를 받은 여성들의 오랜 전통을 배경으로 고찰해야 한다.[14] 그녀는 헨리 8세의 두 번째 결혼을 반대하는 데 앞장섰다가 1534년 재판도 없이 처형됨으로써 최초의 여성 순교자가 되었다.

수도원들이 폐쇄된 뒤, 수녀들의 사정은 대체로 수사들보다 훨씬 나빴다. 수사들은 (사제 서품을 받았기에) 교구 사제로 일할 수 있었다. 에드워드 6세 때도 개신교인이었던 서포크 공작 부인과 리치먼드 공작 부인 같은 여인들이 지대한 역할을 했다

─ 훗날의 두 여왕, 즉 모든 주교·사제 아내들의 퇴출을 강요했던 가톨릭의 **메리 1세**와 로마로부터 영국 교회의 독립을 회복시켰던 **엘리자베스 1세**는 말할 것도 없다.

그러나 여기서도 동전의 **반대쪽** 이야기를 해야겠다. 영국 교회 신학의 모범적 대표자 리처드 후커는, 당시 통념에 따라, 여성들의 결단력이 박약한 것은 여자의 성에 기인한다고 생각했다. 더 나아가 특히 여성들이 이단에 잘 빠져 든다는 고래의 통념도, 영국 교회 안에 그 후로도 오랫동안 굳건히 존속했다. 남자들의 권력에 도전하려 시도하는 여자들은, 하느님이 세우신 질서를 교란하고 관습을 해친다는 죄목으로, 언제든지 고발될 수 있었다.

6. '군소 교파들'에서의 여성 해방?

특히 1640년부터 1660년까지 장로제적 공화정 시절의 **종교적 급진주의**에서는 여성들이 매우 중요한 역할을 수행했다. 이것은 물론 그녀들의 판단력이 약했기 때문이 아니라, 오히려 분명한 판단으로 개혁된 교회를 열망했고, 교회의 통제가 붕괴된 뒤 여성들에게 좀 더 많은 활동 기회가 주어졌기 때문이다. 유럽 대륙에서도 백 년 전 농민전쟁과 세례파 운동에서 유사한 과정이 전개되었다.[15] 이제 사람들은 여자들이 가르치고 설교하고 전례를 거행하고 선교 활동 하는 것을 보고 들을 수 있었다. 많은 여성이 새로운 신앙 공동체들(예컨대 퀘이커)에 가입했다(대표적 인물: '퀘이커 교도들의 어머니' 마거릿 펠[16]). 그리고 그녀들의 역할은 16세기 가톨릭과 개신교 여성 순교자들의 역할과는 다른 것이었다. "17세기 여성들의 투쟁은 지역 당국·목회자·치안관·재판관들과의 투쟁이었다. 그녀들은 공적 역할을 수행했고, 또 그들 중 많은 이가 자기 신앙 때문에 구금·육체적 처벌·폭행을 기꺼이 견뎌냈지만, 순교자들은 아니었다"(크로포드).[17]

그러나 지금까지 말한 것이 영국의 급진적 개신교파 안에서의 여성들 역할에 대한 과장으로 귀결되어서는 안 된다. "여성들이 군소 교파들 안에서 '해방'을 발견한 것처럼 말하는 것은 시대착오적이다. 1640~1650년대 혁명적 시기에 여성의 본성과 이 세상 안에서의 지위에 관한 통념은 예전과 마찬가지였다는 사실은 놀랄 일이 못 된다."[18] 여성의 경제적 발전 기회가 여전히 제한되어 있었을 뿐 아니라, 여성의 역할·성·출산에 관한 견해 역시 전혀 변하지 않았다. "요컨대 군소 교파들도 여성에 관해 영국 교회나 사회 통념과 근본적으로 다른 관점을 제시하지는 못했다."[19] "교회가 여성을 남성의 동등한 동료로 인정"하고, "여성들이 교회에서 발언하는 것을 허용할 준비"[20]가 갖추어지게 된 것은 더디고 오랜 과정을 거친 후였고, 이것은 마침내 지난 수십 년간 여성 임직의 점진적 수용으로 귀결되었다.

물론 영국은 한 가지 면에서는 대륙보다 사정이 나았다. 영국에서도 17세기 말까지 마녀 신앙이 존재했으나, 유럽 대륙(그리고 스코틀랜드)과 비교할 때, 여기서는 박해받은 사람이 훨씬 적었다. 이 문제는 우리의 패러다임 분석에도 적지 않은 중요성을 지니고 있다. 이 무서운 마녀 망상을 어찌 이해해야 할까?

7. 마녀

마녀 망상은 오늘날에도 충분히 이해·설명되지 못하고 있다. 마녀 망상은 시·공간상 집중적으로 나타났는데, 흥미롭게도 남부 이탈리아와 스페인에서는 아주 드물었고, 영국·아일랜드·스칸디나비아·북독일 저지(低地)와 바이에른·동유럽에 약간 있었으나, 프랑스·북부 이탈리아·알프스 지역·독일의 나머지 지역·벨기에·네덜란드·룩셈부르크·스코틀랜드에서는 매우 널리 퍼져 있었다.[21] 여성의 80~90%가 관련되었던 이 집단 현상을 과연 어찌 설명해야 할까? 물론 그리스도교계에는 마술을 행하는 여자들에 대한 적의 따위가 언제나 존재해 왔다. 그리고 "너희는 주술쟁이 여자를 살려 두어서는 안 된다"(탈출 22,17)라는 구약성경 구절은 많은 마녀를 죽음으로 몰고 갔다. 그러나 '마녀'(Hexe)[고대 고지 독일어 'hagazuzza'='울타리에(와) 올라탄(성교하는) 여자'에서 유래]는 분명히 주술쟁이 이상의 존재였고, 마녀 재판은 남에게 해를 끼치는 주술(maleficium) 때문에 받은 재판과는 격이 달랐다. 한편 중세 전성기에 꽤 퍼져 있던, 밤에 하늘을 날아다니는 사람들이 있다는 믿음은 이교적 망상으로 단죄·배척되었다.

본격적으로 묻자. 15세기 이래, 특히 종교개혁과 반종교개혁 시기에, (갖가지 동기들이 결합되어) 그리스도교계의 대부분의 사람이 그저 주술을 행하는 여자들이 있다고 믿는 정도가 아니라, 마녀들, 곧 독하고 충동적이고 자연의 힘을 마음대로 이용하는 간악한 여자들이 악마와 결탁하여 극히 위험한 이단 활동을 한다고 믿었다는 사실을 도대체 어찌 이해·설명해야 할까?

마녀의 존재를 믿던 사람들이 마녀를 가려내던 지침에 따르면, 다수의 여자에게서 다음 사실들이 확인되었다고 한다:

- **악마와의 계약**: 하느님을 저버리고 악마와 일종의 결혼 계약을 맺음.
- **악마와의 동침**: (대개 여러 번의) 동침을 통해 악마가 계약을 봉인함.

- **악마의 힘을 빌린 마법**: 흉작이나, 짐승과 사람의 돌연사 등을 일으킴.
- **악마와의 군무**: 다른 마녀들과 한밤에 질탕한 잔치(마녀들의 안식일)를 벌임.

오늘날에도 상당히 널리 퍼져 있는 악마 신앙을 배격하는 데 공이 큰 튀빙겐의 주석학자 **헤르베르트 하크**는, 마녀라고 추정된 여자들을 제거하기 위한 '신학적 근거'를 '교회가 자신의 악마론을 통해' 제공했음을 확인해 준다. "만일 악마가 그렇게 무시무시한 존재로 형용되지 않았다면, 그러한 종류의 대량 학살 장치가 작동되지 않았을 것이고, 극렬한 추방 운동도 악마에 대한 두려움에 사로잡혀 있던 민중들에게서 그렇게 큰 호응을 얻지 못했을 것이다. 어쨌든 그리하여 화형 장작더미가 위기 극복의 가장 간단하고도 가장 효과적인 수단이 되었다."[22]

교회사는(교의학에 대해서는 말하지 않기로 한다) 마녀 망상을, 아예 묵살하지는 않는다 하더라도, 대체로 눈에 잘 안 띄는 구석에서 좁은 안목으로 다루고 있다. 1970년대 여성운동이 마녀 망상을 연구의 중심 주제로 삼은 것은 당연했으니, 마녀 사냥이 여성들에게 전반적으로 극히 치명적 결과 — 여성들의 자연스러운 문화와 연대·친교의 파괴, 자신들의 육체에 관한 여성 특유의 지식

전수의 단절, 가부장주의적 지배 질서에의 전적인 예속 등 — 를 초래했기 때문이다. 그러므로 다시 한번 묻자. 이 모든 것에 대한 설득력 있는 설명이 있기는 한가?

8. 누가 마녀 망상에 책임이 있는가?

마녀 망상의 원인을 **설명**하기 위해, 마약 사용(환각 상태)을 지적하는 것은 충분치 못하다. 더구나 마약의 대량 소비도 입증되지 않았다. 정신병을 원인으로 꼽는 것도 그 집단 현상을 설명해 주지 못한다. 여신 디아나 숭배(다산 숭배)도 원인은 아니니, 이것은 기껏해야 특정 지역에서만 나타났다. 그러나 다른 한편, 만일 통속적·이교적 미신이나 여성에 대한 적의, 종교재판과 고문이 없었더라면, 마녀 재판도 없었으리라는 것은 이론異論의 여지가 없다. 물론 미신이나 여성에 대한 적의, 종교재판, 고문은 마녀 재판 이전에도 존재했었다. 그러므로 이렇게 물어야겠다. 거기에 무엇이 더 보태어졌던가? 누가 이 전개 과정의 책임을 져야 하는가? 마녀 연구에 대한 개관은, 그 많은 마녀 재판을 한 가지 원인으로 설명하는 것은 불가능하며, 그 전개 과정에 대한 책임은 (아직도 흔히 간과하거니와) 신학자·탁발 수도회·교황과 교황청 · 황제와 국가권력 그리고 결국은 교회 백성에게도 있음을 뚜렷이 밝혀 주고 있다. 하나씩 간략히 살펴보자:

(1) **스콜라 신학자들**: 특히 토마스 아퀴나스는 13세기에 대규모 이단운동들에 직면하여 상세한 악마론을 개진했는데, 미신에 관한 이론의 근거로, 아우구스티누스를 따라, 악마와의 계약 교설을 이용했다.[23] 예전에는 이교적 미신으로 배척되던 것들이, 이제 **신학 체계 안에 편입 · 통합**된 것이다. 그리고 역시 도미니코회 신학자였던 남독일과 라인란데의 종교재판관 두 명, 곧 하인리히 인스티토리스와 (최소한 자기 이름을 종교재판에 빌려 준) 야콥 슈프렝어는 무엇보다도 민중과 성직자들 사이에 널리 퍼져 있던, 마녀 신앙과 마녀 재판에 대한 주저감을 타파하기 위해 진력했다. 그들은 마녀론에 관한 불길한 책을 통해 그 일을 했는데, 쾰른 대학 신학부의 인가를 받은 것처럼 꾸민 『**마녀 망치**』[24]라는 제목의 그 책은, 1487년에서 1669년까지 무려 30판을 거듭하며 엄청나게 많이 보급되었고, 신학자 · 법률가 · 의사 · 종교재판관 · 일반 법관들의 필독서가 되었다. 그 책은 1부에서 여성에 관한 성경과 저명 저자들 인용 구절들(일부는 꾸며 냄)을 통해 마녀 개념을 정립하고, 2부에서는 마녀들의 온갖 비행을 낱낱이 설명하고, 3부에서는 마녀들을 기소 · 처벌하기 위한 지침들을 제공하고 있다.

(2) **교황과 교황청**: 13세기 이래 이단자 박해를 제도화·강화하고, 둘 다 악마의 소행인 이단과 주술은 서로 밀접한 관계가 있다고 믿었던 것은 바로 교황들이었다. 그 후 르네상스 교황 인노켄티우스 3세는 1484년 앞에서 언급한 두 도미니코 회원의 청원을 받아들여 악명 높은 **마녀 교서**[Summis desiderantes: '덴칭거'(Denzinger)/'휘너만'(Hünermann)은 이에 관해 입 다물고 있다![25]]를 반포했으니, 이로써 신종 마녀론에 교황 강복을 내린 셈이었다. 이 교서는, 따르지 않으면 파문당하리라 협박하면서, 이 "사랑하는 아들들"의 종교재판을 방해하지 말라고 명령했다. 이 치명적 교서는 1487년에 출간된 『마녀 망치』 앞쪽에 곧장 수록되었다. 이렇게 교황과 교황청은 유럽에서의 엄청난 마녀 재판을 야기하고 정당화하고 촉진하는 데 결정적으로 관여했다. 이제 이단자 박해에는 일손이 남던 **교황청 종교재판소**는 여자들에게 사용할 **고문 기구들**을 생산·조달하느라 바빴다. 밀고가 접수되면, 관계자를 시켜 공식적으로 고발하는(accusatio) 대신 당국이 은밀히 심리했고(inquisitio), 마침내 자백을 받아 내기 위해 고문이 뒤따랐으며, 결국엔 화형이었다.

(3) **황제와 세속 당국**: 1532년 황제 카를 5세가 새로운 (로마식) 「소송법」Carolina을 반포함으로써, 수많은 마녀 재판 시행을 위한 법적 조건이 갖추어졌다. **종교재판의 소송 절차**는 이제 전

적으로 **국가가 관장**했다. 그런데 재판에 유용한 증거들이 너무나 많고 막연했기 때문에, 사실상 거의 빠져나갈 수 없는 종교재판이라는 맷돌 장치에 누구라도 갈려 버릴 수 있었다. 소문 한번 잘못 나면 끝장인 경우도 많았다. 그리고 마녀들은 '예외적 범죄자'들이었기 때문에, **고문도 허용되었다**(일반적인 심리와 취조에선 법률가들이 규정해 놓은, 넘어서는 안 될 한계가 있었다). 그 결과, 차마 말로 표현할 수 없는 고통 속에서 이른바 공범자들(마녀들의 춤'에서 알게 된 자 등) 이름이 튀어나왔고, 그러면 또 새로운 재판이 줄줄이 이어졌다. 마녀를 가려내는 검사(물이나 바늘로 행함)도 끔찍하기 짝이 없었다. 충분한 자백은 대개 사형 판결로 이어졌고, 자백의 번복은 새로운 (흔히는 몇 배로 지독한) 고문으로 이어졌다. 형언할 수 없는 인간 학대가 끝도 없이 연출되었다. 사형 판결은 오랫동안 거의 **화형**으로 집행되었고, 1600년 이후엔 대개 **참수**로 행해졌다. 이 무서운 일은 언제 끝날지 기약이 없었으니, 1560년에서 1630년 사이의 첫 종교전쟁들 이후에도 기승을 부릴 터였다.

(4) **교회 백성들**: 희생자 대부분이 시골 하층민 여성이었음을 고려하면(귀족은 매우 드물었다), 많은 **밀고**가 바로 공동체 자체에서 비롯되었으리라 추정된다. 마을의 별것 아닌 소문·이상한 외모나 행동거지·미움·질투·불화·돈욕심 따위가 마녀로부터 자신을 지켜 달라는 '탄원서'를 쓰게 했고, 그러고 나면 전체 기

계장치가 정해진 대로 작동을 시작했다. 이 모든 것의 밑바탕에는 물론 백성들 사이에 매우 널리 퍼져 있던 마술적 지식과 행위에 대한 **오래고 오랜 두려움**이 자리 잡고 있었다. 그러므로 물어야겠다.

9. 왜 마녀 망상이 생겨났는가?

마녀 박해의 궁극적인 **심리적·정치적 동기들**에 관해서는 오늘날에도 정확히 말할 수 있는 것이 거의 없다. 아무튼 이 문제에 관한 연구에서 언급되는 동기들을 열거해 보자:

- 시골 하층민 여성 개인들의 불쾌한 언행이나 저주·악담에 대한 반동.
- 혼자 사는 여인들과 그녀들의 종종 매우 실제적인 의료·예방 지식에 대한 가부장적 사회의 두려움.
- (대학 설립과 더불어) 전문교육을 받은 의사들이 전문교육을 받지 않은 산파 및 여성 치료사들과 민간요법에 대해 적대감을 가짐. 민중들은 수백 년 동안 다방면으로 효험이 입증된 이 여인들의 전통적 '비술'秘術[특히 조산(助産)·산아조절을 비롯한 온갖 치료술]의 도움을 받아 왔다.

- 남자의 성 불능 · 불임 · 흉작 · 가축 전염병 · 자연재해 · 질병 · 사망과 결부된 희생양 사고방식.
- (대대적 추방 이후 대상을 잃어버린) 유다인에 대한 적개심 대신 등장한 여성에 대한 전반적 적의.
- 교회의 독신 종교재판관들의 성적으로 고착된 망상. 그들은 이른바 성적으로 만족할 줄 모르는 호색적인 여자들의 성적 도착과 음행 그리고 (심지어 악마와 함께한다는) 질탕한 잔치에 지대한 관심을 보였고, 사탄의 종자從者들인 마녀들을 여성의 어두운 본성의 체현자들로 '악마화'했다(그 대신 관능적 요소가 배제된, 원죄에 물들지 않고 잉태된 순결무구한 마리아를 여성의 이상으로 내세웠다).
- 뚜렷이 드러나지 않고 통제하기 어려운 민중문화에 대한 교권제도와 전제專制적 공권력의 반동.
- 백성들의 생각과 행동을 전반적으로 엄격히 틀지으려 했던 교파화 과정.

마녀 재판은 오랫동안 그리스도교 교파들의 변명과 공격의 대상이었다. 어떤 교파든 다른 교파들보다 마녀 사냥을 덜 했다고 변명하느라 바빴는데, **가톨릭교회와 개신교회 모두 악마 · 마녀 신앙으로 극성을 떨었다**는 엄연한 사실 앞에서, 실로 부질없는 짓이었다. 『마녀 망치』가 거듭 새삼 비난받기는 했지만, 아무튼 다음과 같은 슬픈 사실을 확인하지 않을 수 없다. 중세 로마 가톨릭 패러다임(P III)에서뿐 아니라 종교개혁 개신교 패러다임(P IV)에서도, 사람들은 (다시금 복음으로 돌아간 새로운 신앙에 터해 당연히 그렇게 했을 법한데도) 이 악마·마녀 신앙을 비판적으로 검증하려는 생각을 하지 못했다. 가톨릭 측이 이단자와 마녀들을 박해해 온 오랜 전통의 괴로운 업보에 짓눌려 있다면, 개신교 측도 이 비인간적이고 비그리스도교적인 광기에 맞서 싸우지 못했던 사실을 무거운 짐으로 지고 있다.

오늘날의 연구에 따르면, (추방·사회적 매장 등의 처벌은 제쳐 놓고도) 죽임을 당한 여성만 최소한 10만 명 이상이거니와, "이 마녀 재판은 유다인 박해를 제외하면, **유럽에서 전쟁에 기인하지 않은 가장 엄청난 인간에 의한 인간의 집단 학살**을 야기했다"(게르하르트 쇼르만).[26] 또한 마녀 재판은 많은 경우 여성이 여성을 밀고했지만, 밀고가 접수된 후엔 남자들이 전문가·신학자·법률가·재판관·사형 집행인으로서 눈부신 활약을 했기에, 뭐라 해도 "**남성에 의한** 여성의 집단 학살이었다"(클라우디아 호네거).[27] 왜 적어도 개신교 측에서라도 마녀 망상·재판·화형에 (그리스도인의 자유와 양심의 이름으로) 강력히 저항하지 않았는지 안타까울 따름이다.

4장 종교개혁 시대의 여성 133

여기서 누구보다도 마녀들의 고해신부였던 저 용기 있는 예수회원 **프리드리히 폰 슈페**를 기려야 하리니, 그는 1631년 익명으로 출판한 마녀 재판 반대 저작[28]에서 이 모든 음모를 공박했으나, 물론 성과는 거의 없었다. 그에 뒤이어 개신교 법학자 **크리스티안 토마시우스**가 17세기 초 계몽주의가 싹트던 시기에 악마와의 계약 관념과 마녀 재판의 전체 과정을 강력히 논박했는데, 이때는 많은 사람의 호응을 얻었다. 마녀 재판은 네덜란드에서는 이미 1600년경부터 그리고 프랑스에선 1650년 이전에 폐지된 반면, 독일 제국에서는 1680년경에야 없어졌다. 일반적으로 1775년 가톨릭 지역 켐프텐에서 안나 슈베겔린이 화형된 것이 마지막 마녀 화형으로 알려져 왔으나, 실은 1786년에도 브란덴부르크에서 집단 화형이 있었다.

마녀 망상·재판·화형을 근절시킨 것은 분명히, 종교개혁이 아니라 계몽주의였다. 이 계몽주의는 가톨릭과 개신교를 전혀 다른 세상·새로운 총체적 상황·새 패러다임(P v)으로, 즉 **근대**로 이끌어 갈 터였고, 여기서는 여성의 지위도 근본적으로 변화될 터였다.

5장 근대와 포스트모던 시대의 여성

근대 유럽인들이 그렇게나 빨리 세상을 인간의 것으로 전유專有할 수 있었다는 것은, 실로 놀라운 일이다. 예전에는 하느님 그리고 인간과 세상을 초월하는 힘들이 지배하던 많은 것, 아니 거의 모든 것이, 이제는 연이어 인간과 그것들 자체의 내재적 법칙성의 지배 아래 들어왔다. 합리성·자유·성숙이 당시의 표어였다(처음에는 유럽에서, 다음엔 북아메리카에서도). 인간은 자기 자신과 자연의 주인이 되었다. 이러한 인간의 자기 규정은 (당시엔 예상하지 못한 온갖 긍정적·부정적 결과들을 초래할) **세계 지배**로 귀결될 터였다.

그것은 이론의 여지 없는 일종의 문화혁명이었거니와, 공식적 가톨릭교회의 상당 부분은 오늘날에도 그에 관해 부정적 견해를 갖고 있다. 세속적 세계 자체에 터해 보건대, 그 혁명은 비할 바 없는 진보를 의미했다:

- **학문의** 획기적 **발전**: 철학과 자연과학에 변혁이 일어났다. 이 학문들은 더 이상 교조적으로 전제된 것들을 다루지 않고, 체험된 사실들을 다루었다. 역사학도 수사학이나 윤리학의 하부 과목에 그치지 않고, 독자적 학과가 되었다.
- 전혀 **새로운 사회질서**: 종교적 관용과 신앙의 자유가 자연법 안에 튼실한 토대를 마련했다. 법치국가, 성직자·귀족의 특권 폐지 등의 이념들이 생겨났다. 학문과 예술, 공업과

상업이 공적으로 장려되고, 교육제도가 개혁되었다.
- **개인의 재평가**: 생존·자유·사유재산의 권리, 또한 이와 결부된 시민들의 사회적·정치적 해방 같은 개인의 천부적 인권은 성문화되고 국가의 보호를 받아야 했다.
- 농업사회에서 **산업사회**로의 전환: 과학기술·생산방식·에너지·운송·시장 영역뿐 아니라, 사회구조와 인간 심성의 영역에서도 새 시대를 여는 근본적 변혁이 일어났다. 분업·전문화·기계화·합리화, 그리고 생산 자동화를 통해 대중을 위한 엄청난 기술적 진보가 이루어졌는데, 이것은 물론 점증하는 사회적 변혁과 위기들도 초래했다.

근대의 거센 혁명적 흐름들을 분석해 보면, 여성의 상황과 관련하여 매우 이율배반적인 사실들을 확인할 수 있다.

1. 철학의 혁명과 여성

철학의 혁명과 거기서 비롯한 합리적 분위기는, 종교개혁 패러다임 안에서도 독성을 품고 널리 퍼져 있던 마녀 망상이 17, 18세기를 거치며 사라지는 데 크게 기여했다. 또한 17세기 이래,

프랑스에서부터, 고등 교육을 받은 상류층 여성들(femmes savantes)이 존재했는데, 이들은 귀족과 시민계급 여성들의 이상이 되었다. 이 귀부인들의 살롱은 문화 인텔리들의 만남의 장이었다.

그러나 이런 사실들이 이론과 실제에서 남녀의 실질적 동등성에 관해 말해 주는 것은 거의 없다. 그리고 남녀의 역할에 관한 전통적 관점이 얼마나 단단히 고착화되어 있었는지는, **지적 · 철학적 · 문학적 엘리트들**조차 그 문제에서 거의 아무것도 고치지 않았다는 사실이 분명히 알려 준다(데카르트 · 스피노자 · 라이프니츠 · 칸트 같은 사람들은 사실 결혼도 하지 않았다). 칸트가 볼 때, 여성은 어디까지나 '아름다움'을 구현하고, 그에 반해 남성은 '숭고함'을 구현한다. "힘겨운 공부나 고통스럽도록 골똘한 사색"은 "그들(여성들)이 그것을 통해 다른 성性에 큰 힘을 발휘하는 매력을 감소"시킬 수 있다.¹ 교육 소설 『에밀』을 통해 후대의 교육 이론에 지대한 영향을 끼친 루소에게조차, 남자와 여자의 관계는 지배 · 종속 관계였다. 여자는 남자 마음에 들 정도의 교육만 받으면 된다는 것이었다. 쉴러는 19, 20세기 시민계급에 엄청난 영향을 끼친 명작 「종鐘의 노래」에서, 여성들에게는 어디까지나 평온한 '가정' 안의 역할을 할당하고, 남성들만 '전투 같은 생활' 속으로 내보냈다. (이 점에서는 괴테도 다르지 않다.) 그래도 어쨌든 여성들은 당시 생겨나던 신문과 잡지 그리고 연극 등을 통해,

근대적 교양을 어느 정도 습득할 수 있었다.

이 문제에서 **역逆강조**를 감행하고 성별 역할을 새로이 규정하고, 사랑에서 정신과 육체의 일치를 온전히 긍정하고, 자유로운 자기실현 속에서의 남녀의 행복한 관계를 충만한 삶의 전제 조건으로 인식한 것은 초기 **낭만주의 운동**이었다. 여기서는 우선 **프리드리히 슐레겔**의 이름을 언급해야 한다. 또한 **프리드리히 슐라이어마허**의 이름도 들어야겠으니, 그는 여느 신학자들과는 달리 성性에 관한 신학을 개진하고, 그리스도교 공동체에서 남녀 상호 협력의 중요성을 강조했다. 하지만 낭만주의의 이 모든 새로운 단초들은 매우 미약하여, 뒤이은 정치적 복고 분위기 속의 공공생활에서 거의 아무런 결실도 맺지 못했음은 익히 아는 바다. 바야흐로 대두되고 있던 산업사회에서 여성 대중의 경제적 · 법률적 삶의 조건들은 여전히 암담했다.

슐레겔을 계승한 **요한 야콥 바흐오펜**의 방대한 저작 『모권』 (1861)[2]은, 훗날 부권(가부장) 시대가 들어서면서 소멸한, 국가 이전의 모권적 사회형태를 역사적으로 입증할 수 있다고 주장한다. 이 책도 여성의 법률적 · 정치적 해방을 뒷받침하려는 의도는 전혀 없었다. 여러 이유로 신랄한 비판을 받은 이 책이 주장하는 옛날의 모권 제도 가설에 대한 각자의 입장과는 관계없이, 문화사학자들과 문화철학자들은 여성들이 지난 수천 년간 (성경에서

조차!) 남성들에게 철저히 무시되어 왔음을, 아니 흔히는 도구로 취급되고 지배받아 왔음을 아주 뒤늦게야 인식하게 되었다.

2. 정치적 혁명과 여성

정치적 혁명으로 미국과 프랑스에서는 **인권선언**을 선포했는데, 여기에는 '원칙적으로' 여성도 당연히 포함되어야 했다. 그러나 (영어 'man'과 불어 'homme'는 '인간'뿐 아니라 '남자'를 지칭하기에!) 이 인권은 순전히 남성의 권리(특히 선거권·재산권·단결권·발언권)로 여겨지기 십상이었다.

그러나 **프랑스 혁명**에 적극 참여했던 여성들은 혁명적 여성 단체들을 새로 결성하고, 올림프 드 구즈와 로자 라콩브의 주도 아래 1791년 독자적인 「여성과 여성시민의 권리선언문」을 작성했는데, 10항에서는 다음과 같은 논증을 전개하며 언론(표현)의 자유를 요구했다. "여성에게 단두대에 오를 권리가 있다면 마땅히 연단에 오를 권리도 있어야 한다."[3] 영국에서는 1792년 메리 울스턴크래프트가 처음으로 여성 시민권을 요구했다. 그러나 철두철미 남자들이 지배하던 파리의 국민의회는 이런 노력들을 단죄했다. 남자들은 국가의 군주로부터는 벗어나고자 했지만, 가정의 군주는 폐위시키고 싶어 하지 않았다. 그리하여 사람들은 남성, 아버지 또는 남편에 대한 여성의 법률적 예속을 고집했고, 여성에게는 그저 부수적인 시민권만 허용했다.

   여성들은 제1차 세계대전이 끝날 무렵까지 기다려서야, 주요 산업국가들에서 **선거권**(초기 여성운동의 주된 요구 사항)을 얻어 낼 수 있었다. 전쟁 전에는 뉴질랜드(이미 1893년)·핀란드·노르웨이·덴마크에서만, 그 뒤 1917년 네덜란드와 구소련, 1919년 독일, 1920년에는 미국, 1928년엔 영국에서 여성들에게 선거권이 주어졌다(프랑스에서는 1944년, 그리고 스위스에선 1971년에야 비로소!). 그러나, 헌법에 남성과 여성의 동등권이 명시되었어도 가정과 직업 영역에서 남녀의 동등성은 실현되지 못했고, 정당·의회·정부(법률·교육·산업 분야는 아예 제쳐 놓자)에 상당수 여성이 적극 참여하는 일도 전혀 이루어지지 못했다는 것을 잊어서는 안 된다.

3. 산업혁명과 여성

그러나 산업혁명은 이미 19세기에 여성들의 상황을, 이전의 그 어떤 역사 전개 과정보다 철저히, 물론 처음에는 부정적으로, 변**화시켰다. 생산 공정의 새로운 기술적 조건들**이 노동 과정에 여성들의 참여를 불가피하게 만들었다. 실잣기·뜨개질·자수·옷감 짜기를 비롯한 많은 일이 가정을 벗어나 공장과 도시로 앞다투어 옮겨갔다. 그리하여 가정에서의 일감·수입원·발언권을 상실한 많은 여성이, 노동력 수요가 늘어남에 따라 남자들보다 인건비가 저렴하고 여러 면에서는 더 솜씨 좋은 경쟁자로 직업 활동을 하게 되었다. 그러나 바로 이 때문에 여성들은 새로운 예속 상황과 흔히는 극심한 곤궁에 처했고, 삶과 노동의 공동체로서의 가정은 붕괴되었다.

하지만 이와 동시에 여성이 남성과 동등한 지위를 얻기 위한 노력들도 시작되었다. 이 문제에 앞장선 것은 물론 교회가 아니라, 자유주의자들 그리고 특히 **사회주의자들**이었는데, 이들은 산업사회 생산조건 아래의 여성 상황을 철저히 반성하고 예리하게 분석하여, 부르주아 사회에 대한 격렬한 비판과 결부시켰다.

1848년 「**공산당 선언**」의 한 단락이 여성들의 상황을 다루고 있음은 전혀 우연이 아니다. 공산주의자들이 '여성 공유'(Weibergemeinschaft)를 도입하고자 한다는 부르주아 사회의 비난에 대해, 마르크스와 엥겔스는 「공산당 선언」에서 신랄하게 응수했다.

> 부르주아들은 자기 아내에게서 그저 단순한 생산수단만을 본다. 그들은 생산수단들은 공동으로 충분히 이용되어야 한다는

말을 듣고는, 공유라는 운명이 여성들에게도 마찬가지로 해당되리라는 것밖에는 생각하지 못한다. 단순한 생산수단으로서의 여성들의 처지를 철폐하는 것이야말로 진정 중요한 문제라는 것을 그들은 짐작도 하지 못한다. 아무튼 공산주의자들의 이른바 공적인 여성 공유라는 것에 대한 우리 부르주아들의 지극히 도덕적인 경악보다 더 가소로운 것은 없다. 공산주의자들은 여성 공유를 새삼 도입할 필요가 없으니, 그것은 거의 언제나 존재해 왔다. 공창公娼은 아예 논외로 하고, 프롤레타리아들의 아내와 딸들을 멋대로 다루는 것으로는 만족하지 못하는 우리 부르주아들은 자기네 아내들을 서로 유혹하는 데서 큰 즐거움을 찾고 있다. 부르주아들의 결혼생활은 사실상 아내의 공유다. 사람들은 기껏해야 공산주의자들이 위선적으로 은폐된 여성 공유 대신 공적이고 솔직한 여성 공유를 도입하려 한다고나 비난할 수 있을 것이다. 덧붙여, 자명한 일이거니와, 현재의 생산관계의 소멸과 더불어, 거기에서 비롯하는 여성 공유, 다시 말해 공창과 사창 또한 사라질 것이다.[4]

그러므로 마르크스와 엥겔스(모건과 바흐오펜의 견해를 받아들여 이혼 소송 없는 **이혼**의 가능성을 강력히 옹호했다)의 목표는 '단순한 생산수단'으로서의 여성의 처지를 근본적으로 변화시키고, 분업적인 산업사회의

조건들 아래 있는 여성에게 남성과 동등한 권리와 존엄성이 부여되도록 하는 것이었다.[5]

여성 해방에 대한 사회주의적 해석의 핵심 사상은, 혁명을 통한 프롤레타리아 계급의 해방은 거의 자동적으로 여성의 해방도 가져온다는 것이었다. 아우구스트 베벨(1840~1913)의 저작 『여성과 사회주의』(1883)[6]도 이 사상을 담고 있는데, 이 책은 수십 판을 거듭하며 여성 문제에 관한 사회주의자들과 공산주의자들의 입장을 꼴지을 터였다. 그러나 사회민주주의를 포함한 사회주의의 맥락 안에서도, 사람들이 **사회적 혁명과 성의 혁명의 동시성에 관한 환상**을 버리기까지는 오랜 시간이 걸렸다. 사실 사회주의자 '서방님들' 역시 (68세대의 대학생 운동에 이르기까지) 자기네 가정과 단체에서의 여성 착취는 거론함이 없이, 사회적 착취만 비난하는 데 익숙해져 있었다.

비사회주의 진영에서도 **여성 해방**이 촉진되었음은 물론이다. 미국에서는 1848년 여성을 동등한 권리를 지닌 시민으로 인정할 것을 요구하는 여성 의회가 개최되었다. 영국에서는 1860년 이후 정치적 해방운동이 시작되었다. 철학자 존 스튜어트 밀은 1867년 영국 의회에서 여성에게 적극적 선거권을 부여하자는 법안을 최초로 제출했다. 독일에서는 1865년 독일 여성 총연합회가 결성되어, 주로 여성의 노동과 교육 문제에 헌신했다. 시민

계급의 딸들도 이제는 종종 생계를 위한 노동을 해야 했고, 더 수준 높은 교육기관으로 몰려들었다. 아무튼, 여기서 우리의 본디 관심사는 그리스도교에 대한 물음이다. 신학과 교회는 19세기 여성들의 새로운 상황에 어찌 대처했던가?

4. 교회는 여성 해방을 방해했는가, 촉진시켰는가?

교회가 교회 내의 쇄신과 사회활동에 많은 노력을 쏟긴 했지만, 무엇보다도 관심을 집중했던 일은, 교회로부터 소원해진 사람들을 교회 주도의 **재그리스도교화 프로그램**을 통해 신분 계급적이고 집합적인 낡은 사회질서 안으로 다시 통합시키는 것이었다(근대적 정당 국가에 맞서 직업 신분제의 부활과 신분제 의회의 창설[7]). 그리하여 교회가 모든 사회 계층과 신분들을 조화롭게 결합시키고 사랑과 상호 봉사의 정신을 통해 영적으로 꼴지어야 한다는 것이었다.

그러나 이런 이상주의적 재그리스도교화 사업이 프롤레타리아 계급뿐 아니라 부르주아 계급에서도 거듭 실패했고, 종교적 무관심 · 교회 배척 · 불가지론 · 무신론에 대한 저항을 불러 일으키지도 못했다. 그런데도 사람들은 예전 패러다임들(P III이든 P IV이든) 안에서의 이러한 재통합 정책은 자기기만에 불과하다는 것을 바로 보려 하지 않았다 — 그리고 오늘 21세기 초에 새삼스레 유럽의 '재복음화'(재가톨릭화)를 꿈꾸는 교황은 아직도 이것을 깨닫지 못하고 있다.

나는 개신교 교회사학자 **그레샷**에게 동의하지 않을 수 없다. "근대에 맞선 이런 이론적·실천적 대항 계획은, 가톨릭이 포괄적으로 전개했고 실제적 측면에서는 개신교도 적극 떠받치고 동참했거니와, 근본적으로 교회는 자기 자신에게 머물러 있어야 하고, 계시를 통해 자신에게 주어진 본질에 집중해야만 한다는 것을 고집했다. 이 원천에 터해 사회에 자신의 정신을 삼투시키고 이끌어 가기 위해서였다." 이것이 뜻하는 바는 다음과 같다:

> 교회는 사회적 변혁의 실체, 요컨대 근대 세계를 실제로는 기껏해야 부분적으로만 받아들였다. 아니, 원칙적으로는 전혀 받아들이지 않았다. 교회는 온 세상이 그 변혁에 급습당하고 있음을 알기는 알았으나, 자기에게도 그 변혁이 닥쳐왔음은 보려 하지 않았다. 현실과의 이런 간극은 한편으로는 교회에게 스스로를 온갖 당파와 대립들 너머에 있는 존재로 인지하는 용기와 양심의 가책 없는 확신을 제공해 주었다. 그러나 다른 한편으로는 이 신학과 용기를 근대 유럽 산업사회에서 갈수록 쓸모없게 만든 근원이 되었음도 물론이다.[8]

사회는 결정적 문제들에서 교회의 가르침을 따라야 한다는, 공식 교회와 신학이 주장하는 전통적 견해가 더 이상 받아들여지지 않았음은, 다른 어디서보다 흔히 '여성 문제'로 그릇되이 지칭하는 사안에서 가장 뚜렷이 드러났다. 적어도 다음 세 가지는 일반적으로 확증된 사실이라고 할 수 있다:

- 여러 나라에서 각기 다른 시기에 터져 나온 갖가지 **여성운동들**은 처음에는 교회 안에서도 거의 지지받지 못했다.
- 1848년의 「**공산당 선언**」은 처음 몇십 년간 교회 안에서 거의 아무런 영향을 끼치지 못했다. 직업 활동을 하는 여성은 그리스도교적 이상과는 맞지 않았다.
- **여성 해방을 위한 교회**의 한참 뒤늦은 **노력**은 여성 산업노동자 계층에는 거의 미치지 못했고, 그저 시민 계층에 국한되었다.

여성의 지위와 역할에 관해 말하는 것이 예전 패러다임들의 테두리 안에서는 그런대로 용이했던 반면, 근대적 패러다임의 틀 안에서는, 각 나라의 상황이 매우 다양하기 때문에, 거의 불가능하다.

5. 근대 가톨릭에서의 상황

그나마 **로마 가톨릭 국가들**의 상황이 가장 통일적이었다. 이들 나라에서는 로마 교회 지배층이 근대에 대한 저항을 여성 해방 분야에서도 효과적으로 확대했다. 전임자인 '무류성 교황' 비오 9세에 비해 상당히 개방적이었던 **교황 레오 13세**조차 회칙 「영원하신 하느님」(1885)에서, 아우구스티누스(P III 참조)의 말을 그대로 인용하며 "남자는 여자의 윗사람"이라고 선언할 필요성을 느꼈다. 여자들은 "육욕의 충족을 위해서가 아니라 인류의 번식과 가정에서의 공동생활을 위해, 정결하고 헌신적인 순종으로 남편들에게" 예속되어 있다는 것이었다.[9] 그 후 이 교황은 사회 회칙 「새로운 사태」(1891)에서 인간을 물건처럼 취급하는 고용주에 의한 무자비한 노동자 착취뿐 아니라 어린이나 부녀자의 중노동도 총체적으로 단죄했으나, 단죄의 논거인즉, 여성은 "선천적으로 집안일을 돌보도록" 되어 있으며, 집안일이 "여성 품위의 튼튼한 울타리"이며 "자녀 양육과 가족 번창에 적합"하기 때문이라는 것이었다.[10]

비오 12세까지의 후임 교황들도, 고대와 중세의 자연법 교설(P III 참조)에 얽매여, 여성을 오로지 어머니로서의 '자연적 자질'에 바탕하여 보았는데, 그 자질이라는 것이 뭐라 해도 여성을 가정과 화덕에 붙들어 매 놓는다는 것이었다. 이렇게 교황들은 남성의 우월권에서 비롯하는 여성의 전반적 불이익, 아니 흔히는 억압의 본질이 어디에 있는지 그리고 근대 특유의 도전이 무엇인지 전혀 인식하지 못했다.

가톨릭 사회윤리학자 슈테판 퓌르트너는 "신스콜라학적으로 정향된 본성 철학과 자연법 철학은 역사적으로 발전되어 온 성의 역할관계들과 생물학적 사실들로부터 '여성의 본성'을 추론해 내고는, 그것을 다시 여성적 행동을 규정하는 규범으로 삼았음"을 확인하고, 사실상 극히 치명적인 이 그릇된 이론이 나오게 된 원인을 "신학 및 교회 지배층의 당시 교회 및 사회 안의 비판적 운동들과의 빈약한 상호소통"에서 찾았다. "시민계급과 사회주의 여성운동의 선도적인 해방 이념들은 가톨릭교회 안에서 거의 진지하게 받아들여지지 않았고, 전반적으로 배척되었다."[11]

사실 **요한 23세**의 회칙 「지상의 평화」(1963!)와 제2차 바티칸 공의회(1962~1965)에 이르러서야 비로소, 가톨릭 여성 단체들에도 해방적 작용을 하게 된 하나의 전환이 이루어지게 되었다. 하지만 공의회에서 압력을 받은 후 바오로 6세의 불행한 회칙 「인간 생명」(1968)에 의해 부정적인 쪽으로 결정이 난 **피임** 문제는 여성들에게 항구적인 부담으로 드러났고, 수백만 여성이 교회를 떠나게 만든 한 주요 원인이 되었다.[12]

교회 안에서의 여성 해방과 관련하여, **요한 바오로 2세**의 재임 기간(1978~2005)은 (비록 퇴행기는 아니라 하더라도) 피임·낙태·동성애 문제에 대한 가혹한 입장들을 고려하건대, 침체기라고 해야 할 것이다. 여성 사제 서품 불가는 하느님의 뜻이요 교회의 오류 없는 가르침이라는 주장은, 무류성에 관한 로마 교회의 교리를 의심하게 만든다. 특히 로마가 독일 가톨릭교회에 임신과 관련된 갈등에 대한 법률적 상담을 금지시킨 것이 로마와의 관계에 지속적 부담이 되고 있으며, 독일 내에서 폴란드 출신 교황의 윤리적 신뢰성을 손상시켰다. 고통을 짊어지는 것은 다시금 여성들 몫이다.

6. 근대 개신교에서의 상황

근대 개신교 국가들에서의 여성의 상황은 훨씬 복잡하지만, (여성의 역할에 관한 개신교 교회사의 침묵에 맞서서) 최근의 연구가 점차 역사적으로 분석·확인해 주고 있다. 1985년 '개신교 역사에서의 여성'을 주제로 미국에서 출간된 저작집은 제목으로 『침묵에 대한 승리』[13]를 선택했다. 이런 사정은 **독일어권**에서도 마찬가지다. 지면 관계상 여기서는 이 지역만 다루겠지만, 아무

튼 이 지역은 많은 면에서 개신교 국가들에게 범례적 의의를 지니고 있다고 하겠다.[14]

라헬 폰 파른하겐레빈, 카롤리네 폰 귄더로데, 베티나 폰 아르님브렌타노 같은 19세기 초의 몇몇 해방된 여성들이 가져다준 충격과 자극은 처음엔 거의 주목을 받지 못했다. 아니, 교회 안에서는 오히려 냉담과 비난에 맞닥뜨렸다. 그래서 1848년 이전의 독일 초기 여성운동 대표자들(파니 레반트, 말비다 폰 마이센부르크, 루이제 오토)과 후기 대표자들(특히 1894년 새로 결성된 '독일 여성 단체 연맹' 의장 헬레네 랑게)이 교회에 등을 돌린 것은 놀랄 일이 못 된다. "그녀들 대부분은 그리스도교에 환멸을 느낀 나머지, 결코 다시는 그리스도교 공동체로 돌아가는 길을 찾지 않았다."[15]

하지만 여성운동이 개신교회 안에서 자취 없이 사라져 버린 것은 아니다. 교회와 결속되어 있던 여성들은 **개신교 구제운동**(힌리히 비헤른 말고도 특히 테오도르 플리드너와 빌헬름 뢰에가 주도함)의 탄생 및 확대와 더불어 비로소 적극적으로 활동하게 되었다. 이 운동은 그리스도교 초기 공동체의 본보기를 따라 부인들에게 교회 직분(집사)을 부여했을 뿐 아니라, 사회적으로 힘없고 산업화 과정에서 영락한 가정의 소녀들에게 자신의 능력을 계발하고 미혼녀로서 책임 있는 역할도 할 수 있는 일거리들을 제공했다. 이런 자유로운 단체 안에서는 남성과 여성이, 인습적인 지배·복종 관계를 벗어나, 협력하며 일할 수 있었다. 그 배경에는 특히 남성과 여성의 협력을 중시하는 교회관을 내세웠던 슐라이어마허와 그의 종교관이 있었다.

여집사 공동체들에서조차 중요한 결정을 내릴 때나 대외적으로 대표를 내세울 때는, 개신교계의 남성 '고위 성직자들'이 법률적 수단을 동원하여 남성의 우월성을 수호했다. 여기서는 남자 사제들이 좌우하는 가톨릭 여성 단체들의 영향을 뚜렷이 알아볼 수 있다. 사정이 이러했기에, 사회에서의 여성 동등권에 대한 여집사들(그리고 목사 부인들)의 이런저런 관심들은 아예 무시되었다. 처음엔 자선 활동에만 국한되었던(1832년 함부르크에서 아말리 시베킹크가 창설한 '빈자·병자 구제 협회') 개신교 내의 이 여성운동은 1848년 혁명 이후, 소녀들과 부인들이 사회적·국가적 기능들을 갖추게끔 학교·직업 교육을 받도록 하는 데도 진력했다. 그 후 그리스도교적 사회주의 성향을 지닌 여성 경제학자 엘리자벳 그나욱퀴네 박사는 1895년 한 개신교 사회문제 회의에서 여성들에게 필요한 것은 동정심이 아니라 정의라고 주장했고, 많은 남성들로 하여금 사고의 전환을 하게 만들었다.

근대 독일에서 그리스도인 여성으로서 사회적 책임을 감당하려 노력했던 여성들의 역사에 관한 연구는 최근에 이르기까지도 너무 빈약하며, 여성들 자신의 관점에서 이루어진 연구는 더욱 빈약하다. 그래서 [교부시대(P II)와 관련하여 이미 언급했거니와] 튀빙겐 대학교 교회일치연구소에서는 '**여성과 그리스도교**'라는 **연구 프로젝트**의 일환으로, 그리스도교 초기 4세기 동안의 여성 상황뿐 아니라 19, 20세기 여성 그리스도인들의 상황도 철저히 파고들었다. 그 결실이 여성 역사학자 **도리스 카우프만**의 연구서 『새 출발과 반동 사이의 여성들. 20세기 전반기의 개신교 여성운동』[16]이다. 이 연구서가 바로 우리의 당면 문제에 중요한 사실들을 밝혀 주었기에, 여기서 그에 관해 언급해야겠다. 특히 개신교 여성들의 역사에 관한 고찰에서는, (예컨대 사회를 공적 영역과 사적 영역으로 나누고, 전자는 남자들의 활동 장소로, 후자는 여성들의 활동 장소로 보는) 지배적 사고방식을 버리는 것이 큰 도움이 된다는 사실이 판명되었다. 바로 교회 테두리 안에서 분리된 것들로 여겨졌던 이 영역들 간의 빈번한 월경越境이 발생했고, 여성들이 '교회라는 공공연한 남자들의 구역' 안으로 '침입'해 들어갔다. (이것이 프로젝트의 중요한 성과 가운데 하나다.) 이 말은 특히 1899년 결성된 **독일 개신교 여성연맹**에 해당되는데, 이 단체는 사회적 운동으로서 동시대인들의 주위 세계(도리스 카우프만의 주요 연구 대상임)와 긴밀히 결속되어 있었다.

이 연맹의 여성들은 남녀 양성에 관한 성경의 인간론과 그들의 사명에 대해 자신들 나름의 해석을 내세우면서, 교회 제도와 대규모 개신교 조직들(예컨대 '국내 선교' 그리고 나중에는 '세계 선교'에서도) 안에서 새로운 활동 영역과 권한을 얻어 내기 위해, **개신교 내부와 교회**의 적지 않은 **반대를 거슬러** 투쟁했다. 이 여성들은 교회와 지방 자치단체의 선거권 그리고 신앙 공동체 사회사업에서의 유급 직무를 끈질기게 요구했다. 또한 매춘 문제에서 복음의 요구들을 내세우며 통례적·인습적 규범들을 공격함으로써, 사회 전체에서도 남녀 양성의 (권력) 관계를 변화시키려 노력했다. (이것이 이 연구 프로젝트가 밝혀 준 또 하나의 성과다.)

그리하여 국가 안에서 여성 지위의 포괄적인 새로운 규정을 주된 목표로 삼고 있던 (정책적으로는 오히려 보수적인!) 이 개신교 단체는, 전반적인 초교파적 여성운동을 배경으로 하여, 전체 개신교 여성들을 위해 **괄목할 만한 성과**를 쟁취했고, 그들의 '해방'에 결정적으로 기여할 수 있었다.

그런데 개신교 여성들이 오랫동안 요구하던 교회와 자치단체의 선거권을 획득한 것은, 사실 (그녀들이 배척했던) 1918년 혁명의 결과였다. 그러나 그녀들은 1918년 이전에도 고유한 교육기관(여성 사회학교 등)을 설립하고, 독자적인 사회사업 계획(불량 여성·미혼모를 위한 집 등)을 추진했으며, 정치적 행동을 익혔다. 그 결과, 개신교 사회는 여성 연설가와 국회의원들에게 점차 익숙해지기 시작했다. 요컨대 이 조직은 교회에 충실한 개신교 여성들에게 20세기 들어설 때까지는 신앙 공동체와 자선사업에서 통상 그저 명예직 정도의 활동을 하던 것을 넘어, 종교의 테두리를 박차고 나가지 않고도 여권 확립을 위해 헌신할 수 있는 가능성을 처음으로 열어 주었다. 과연, 독일 개신교 여성연맹은 그리스도교의 메시지 자체를 여성 사회참여 운동의 출발점으로 삼고자 했다. 이런 노력들은 1920년대에 상당한 결실을 거두게 되었으나, 좌절과 실망 또한 맛보았다.

도리스 카우프만의 연구가 20세기 전반기 개신교 여성운동의 역사에 관해 밝혀 준 것에 대해서도 물론 입 다물고 있어서는 안 된다. '여성을 해방하는 복음의 능력'을 진지하게 인식하라는 요구에서 출발한 **개별적 해방 과정들**이 과연 성공을 거두기는 했다. 그러나 그 힘과 관철 능력에 대한 체험들은 뭐라 해도 **중산층 부르주아와 귀족 계층**의 개신교 여성들에게 국한되어 있었다. (그리스도교 신앙에 바탕한 여성들의 초당파적 연대를 거듭 새삼 선언했음에도 불구하고) 개신교 여성연맹 역시 정치적·사회적 활동에서 결국은 이 계층들의 이해관계에서 벗어나지 못했다. 개신교 여성운동은 그리스도교적·사회적·정치적 경계들을 넘나드는 포괄적 활동과 성과를 의도하지 않았고, 사실 그럴 수도 없었다.

7. 탈현대 세계로

오늘날 사려 깊은 사람이라면, 그 온갖 엄청난 변혁을 겪고 난 지금, 근(現)대화라는 것이 근대 자신이 생각했던 것과는 다르다는 것을 볼 수 있을 것이다. 근대가 과학·철학·기술·산업·국가·사회의 혁명들을 통해 엄청난 성과를 가져다주었음은 예나 지금이나 논란의 여지가 있을 수 없다. 그것은 수백만 인간들에게 그때까지 전혀 존재하지 않았던 강력한 **혁신의 추진**이었음이 확실하다. 그러나 이러한 근대와 그것의 핵심 가치인 이성·진보·국가에 대한 비판적 물음 또한 피해 갈 수 없으니, 이것들도 **인류에 대한** 전대미문의 실존적 **위협**을 초래했던 것이다.

그리스도교가 3천년기에도 살아남고자 한다면, 그리스도교는
- 근(現)대를 단죄하는 대신, 근대의 인도주의적 알맹이를 긍정해야 한다. 로마 가톨릭 하부문화는 안 된다! 그러나 그와 동시에,
- 근대의 비인간적 속박과 파괴적 작용에 맞서 싸워야 한다: 근대'주의'에 대한 용인이나 그리스도교 알맹이의 바겐세일은 안 된다! 요컨대 그리스도교는
- 위의 두 입장을 뛰어넘어, 세심하게 분화된 새로운 다원적·통전적 종합으로 나아가야 하는바, 이 종합을 우리는

바람직한 의미에서 '탈현대적'(nach-modern)이라 지칭할 수 있을 것이다.

결정적인 것은 딱지가 아니라 내용이다. 사람들이 '후현(근)대'나 '탈현대'에 관해 말하고 싶어 하든 말든, 1·2차 세계대전 이후 (어떤 이름을 붙이건 간에) **새로운 시대**(P VI)에 들어섰다는 것은 논란의 여지가 없다.[17] 여기서 나는 '후현대'(Post-Moderne) 또는 ('포스트모더니즘'과의 혼동을 피하기 위해) 더 낫게는 '탈현대'(Nach-Moderne)라는 말을 사용하는데, 우리 시대를 앞선 시대와 구별해 주는 것을 밝혀내기 위한 발견적·모색적 개념으로 사용하고 있다.[18] 두 차례 세계대전 이후 **새로운 세계정세** 아래 역사적으로 형성되고 있는 모든 것, 적극적으로는 (이것을 희망하고 또 이것을 위해 일해야 하거니와) 상호 통합적인 인도주의적 신념들에 관한 **새로운 근본 합의**를 도출하고자 애쓰는 모든 것을 나는 '탈현대적'이라 지칭하는바, 이 합의는 되도록 모든 종교의 신자들과 신앙 없는 사람들도 받아들이고 떠받칠 수 있어야 할 터이다. 민주적이고 다원적인 '세계사회'야말로, 존속하고자 한다면, 바로 이런 근본 합의에 바탕을 두어야 한다.

17세기부터 제1차 세계대전까지 근대의 발전 과정은 여기서 서술할 수 있는 것보다 훨씬 많은 문제를 그리스도교에 남겨 놓았다. 그중 특히 네 가지 문제에 주목해야 하는바, 여기서 첫째 근대(P V)로부터 탈근대(P VI)로의 패러다임 전환이 특히 뚜렷이 드러나며, 둘째 새로운 시대의 그리스도교에 엄청난 과제들이 부과된다. 이 문제들은 **현실의 다양한 차원들**과 결부되어 있다:

- 인간론적 차원: 남성과 여성(여성운동)
- 사회정치적 차원: 빈자와 부자(분배 정의)
- 우주적 차원: 인간과 자연(환경운동)
- 종교적 차원: 인간과 하느님(그리스도교 일치와 종교 간 일치운동)

남성과 여성의 동료성은 탈현대 패러다임의 본질적 구성 요소 중 하나다:

- 근(현)대는 민주주의의 확립을 통해 양심·종교·집회·언론·출판의 자유를 비롯한 시민계급의 자유와 **인권**에 유례없는 진보를 가져다주었다.
- 그러나 동시에 근대는 남성 우위를 고수함으로써 여전히 인류 절반의 권리를 억압했으니, 겨우 제1차 세계대전 무렵에야 여성에게 선거권을 부여했다.
- 그러므로 탈현대를 위해서는 남성의 차별적 특권 대신 **여성**의 전반적 **동등권**이 절실히 요구되고 있다.

8. 페미니스트 운동

사회와 교회 전반에 걸쳐 양성의 차이를 고려하는 가운데 남성과 여성의 **동등권과 동료성**에 관한 참신한 토론이 이루어지는 것을 보기 위해서는 제2차 세계대전 후까지, 아니 1960~1970년대까지 기다려야 했다. 여기에는 세계교회협의회(1948년 창설)와 제2차 바티칸 공의회(1962~1965), 그리고 미국과 유럽의 68운동이 촉매 구실을 했다.

그동안 여성들의 새로운 세대가 성장했음을 결코 간과해서는 안 된다. 이들은 그리스도인 여성으로 존재하는 것과 사회적 해방은 결코 상충되지 않는다는 것을, 이전 그 어느 세대보다 단호히 주장한다. 복음이 내포하고 있는 풍성한 자극과 충동은 여성들에게 여성 고유의 존엄성을 확인시켜 줄 뿐 아니라, 교회와 사회의 모든 분야에서 남성들과 똑같이 공동으로 결정하고 참여할 수 있는 여성들의 권리도 확인시켜 준다.

이 새 세대는 그리스도인 여성으로서 자의식을 위해 새로운 개념을 만들어 냈으니, '**여성신학**'(Feministische Theologie)[19]이 그것이다. 이로써 여성들은 이제 더 이상 남성들의 신학적 구상들을 군말 없이 넘겨받지 않으며, 남성들이 해 온 체험들을 빌려 자신들의 신앙을 살아가지 않고 오히려 여성들 고유의 체험 세계를 찾아내며, 자주적 신학의 주체가 되기 시작했다. 과연 여기서는 일찍이 엘리자벳 몰트만벤델이 다음과 같이 서술한 바를 제 것으로 만드는 신학 작업이 수행되고 있는 것이다. "우리가 그리로부터 출발하는 자유[의인(義認)]뿐 아니라, 우리가 그리로 향해 가는 자유 또한 강조되어야 마땅하다. 다시 말해, 새로운 역할들과 생활 방식들, 사회적 변화와 온갖 유형의 협력에 대한 개방성이 강조되어야 한다. 의인으로부터 비롯하는 인권 역시 많은 사람에게는 아직 실현되지 않는 미래다."[20]

아무튼 교회와 신학은 너무나 많은 기회를 놓쳐 버렸고, 교회 지배층은 근대의 새로운 경향들을 뒷받침해 주는 데 너무 인색했기 때문에, 바로 여성들이야말로 오랜 세월 현장과 일선에서 남성들보다 훨씬 더 씩씩하고 옹골차게 교회제도를 떠받쳐 왔음에도 불구하고, 지금까지는 극히 소수의 여성만이 교회와 사회에서의 여성의 역할에 관한 그리스도교적 새 해석을 제 것으로 만들 수 있었다. 그동안 근대 세계에서 세속화가 얼마나 멀리, 깊이 진행되었는지는 오늘날 특히 여성 문제에서 뚜렷이 드러나거니와, 사실 이미 수세기 전부터 시작된 세속화는 최근엔 그야말로 총체적 현상이 되었다.

그리스도교계는 페미니스트적 종교성을 바탕으로 하여, 탈현대 패러다임 안에서 세계적인 의식의 전환을 위해 어떠한 기여를 할 수 있을까? 남성과 여성의 **동료성** 차원에서 정치적·사회적 인권의 충만한 실현을 위해 어떻게 기여할 수 있을까?

9. 교회에 대한 비판적 물음

고대 교회 헬레니즘 패러다임과 중세 가톨릭 패러다임의 그리스도교를 그런대로 '이해해 줄 만하다' 하더라도, 오늘날에도 여전히 그리스도 교회가 공공연하거나 은근한 여성 차별을 '**교회 전통**'을 근거로 내세워 고집하는 것은 도저히 용납할 수 없다.

그러므로, [근(현)대 패러다임에서 탈현대 패러다임으로의 전환에 직면하여] 여기서도 미래를 위한 물음들이 제기되는바,[21] 이 물음들은 특히 정교회와 로마 가톨릭교회에 던져져야 할 터이다:

- 정교회와 로마 가톨릭교회는 도대체 무슨 권한으로 교회 직무에서 여성의 완전한 동등권을 거부하는가? 여성은 '그리스도의 표상'이 될 수 없다는 따위의 전통신학적 정당화 구조들을 예수와 초기 그리스도교 공동체들[22]의 원래 정신에 터해 문제 삼아야 하지 않을까? 원교회에서 중요한 책임을 감당했던 많은 여성의 지도적 지위와 현대 사회에서 완전히

달라진 여성들의 지위를 감안하건대, 여성 사제 서품 금지를 여전히 고집해도 될까?

- 감리교회가 교회 최초로 1980년에, 미국 성공회는 1989년에, 그리고 독일 루터 교회는 1992년에 여성을 주교(감독)로 선출했다. 가톨릭교회와 정교회의 대표자들은 무슨 권한으로 일치운동을 위한 '대화'를 협박하고, 심각한 문제들을 야기하는가? 일치운동을 위한 '대화'가 여성 동등권의 희생을 담보로 이루어져야 한단 말인가? 오히려 거꾸로 여성 주교·사제직을 거부하는 교회야말로 자신들의 기이한 관행을 복음과 초기 교회 전통에 비추어 자기비판적으로 검증해야 하지 않을까? 그들의 거부 행태가 오히려 교회일치를 실질적으로 방해하고 있지 않은가?

- 이제는 정교회와 가톨릭교회가 교회 직무와 여성 문제에서는 개신교회와 성공회가 자신들보다 복음에 더 충실함을 인정해야 할 때가 된 것이 아닐까? 보수적인 '자매 교회들'을 끌어대는 것은, 자기 교회 안의 개혁을 저지하기 위한 구실이 아닌가? 지금이야말로 복음 정신에 바탕하여 여성에 대한 차별·불신·모독 관행을 끝장내고, 교회 안에서도 여성들에게 마땅한 존엄성과 적절한 법적·사회적 지위를 보장해 주어야 할 때가 아닐까?

10. 미래의 교회: 자유 · 평등 · 형제자매애의 공동체

미래의 교회는 반민주적 반동의 보루로 비쳐져서는 안 되며, 창설자의 정신에 바탕해 **'자유 · 평등 · 형제애'의 공동체**로 나타나야 하는바, 초기 교회의 공동체 조직(P I)과 관련하여 살펴본다:

- 교회는 **자유인** 공동체다! 교회가 지배 제도나 심지어 거대한 종교재판소로 비쳐져서는 안 된다. 오히려 교회 공동체의 조직에서야말로 자유가 뚜렷이 드러나야 한다. 그리하여 교회의 제도와 구조들이 다시는 억압적 특성을 지니지 않고, 인간에 의한 인간의 지배를 자행하지 않도록 해야 한다. 그리스도 교회는 복음에 의해 가능해진 자유의 공간인 동시에, 이 세상 안에서 자유의 변호인이 되어야 한다!

- 교회는 원칙적으로 **평등인** 공동체다! 교회는 남성교회 · 계급교회 · 인종교회 · 신분교회 혹은 관청교회로 비쳐져서는 결코 안 된다. 오히려 교회 공동체의 조직에서야말로 이런 평등이 실천되어야 한다. 다양한 은사와 직분이 기계적 평등주의에 의해 평준화되어서는 안 되지만, 각양각색의 구성원들과 집단들의 근본적인 동등권이 보장되고, 제도와 구조들이 결코 불의와 착취를 조장하지 못하도록 해야 한다. 그리하여 그리스도 교회는 구성원들이 동등한 권리를 향유하

는 공간인 동시에, 이 세상 안에서 평등권의 변호인이 되어야 한다!

- 교회는 **형제자매** 공동체다! 교회는 가부장주의적으로 통치되는 지배 체제, 가부장주의와 인간 숭배를 통해 사람들을 미성숙 상태로 붙잡아 놓고 (교회의 직무 및 대표성과 관련하여) 여성을 법률적 혹은 실제적으로 배제하거나 변두리로 내모는 체제여서는 결코 안 된다. 오히려 교회 공동체 조직 안에서야말로, 그리고 사회적 관계들 안에서도, 형제자매 정신이 구현되어야 한다. 최대의 자유와 최고의 평등에 대한 서로 상충되는 민주적 요구들이 형제자매들의 연대 공동체 안에서 조화와 타협점을 발견할 수 있어야 한다. 그리하여 그리스도 교회는 형제자매들의 공간인 동시에, 이 세상 안에서 형제자매애의 변호인이 되어야 한다!

사람들은 이런 큰 테두리의 기본 강령이 요구하는 구체적인 변화들이 무엇인지 물을 것이다. 이와 결부된 구체적 행동 강령들을, 여기서는 물론 아주 간략히 언급하기로 한다.

11. 구체적인 개혁 요구

개혁에 관한 아래의 **실천적 제안들**은, 내가 이미 25년 전에 내놓은 것이거니와, 가능한 한 모든 그리스도 교회에서 신속하고 철저히 실행에 옮겨져야 한다.

아내가 남편에게 **예속**되는 것은 그리스도교적 결혼의 본질이 아니다. 아내의 예속에 관한 신약성경 후대 문서 대부분의 언명들은 당시의 사회문화적 상황을 고려하여 이해해야 하며, 비판적 관점에서 현대의 사회문화적 상황을 재해석해야 한다. 오늘날에는 동반자적 결혼이야말로 하느님의 모습을 따라 남자와 여자로 창조된 인간의 존엄성에 훨씬 합당하다는 것을 깨닫고 체험하는 부부가 늘어가고 있다.

여자는 자녀 양육을 맡고, 남자는 직업 활동을 담당한다는 따위의 고착된 **역할 분담**도 그리스도교적 결혼의 본질에 기인하는 것이 아니다. 자녀 양육과 집안일뿐 아니라 직업적인 일도 남자와 여자가 함께 맡을 수 있다.

책임 의식을 가지고 실행하는 **출산 계획**이 여성의 성적 착취에 이용되거나, 성의 혁명이 여성 해방과 동일시되지 않는다면, 그것은 여성의 참된 해방에 기여할 수 있다. 적은 수의 자녀 출산은 여성의 직업교육 완료, 직장생활과 가정생활의 병행, 특히 사회 하층 계급 여성들의 노동과 재정상의 부담 완화를 가능하게 해 준다.

논란 많은 **낙태** 문제에서는 태아의 권리만을 고려할 것이 아니라 여성의 육체적·정신적 건강과 사회적 상황, 나아가 가족에 대한 책임, 특히 이미 양육하고 있는 아이들에 대한 책임도 고려해야 한다.

직무·권력 구조들을 철저히 남자들이 지배하고 있는 가톨릭 교회가 모든 사람의 교회가 되기 위해서는, 여성들이 본당·교구·국가·세계 차원의 **모든 의결 기구**에 참여해야 한다. 교황청 수도자성은 여성 배제의 극명한 예다. 보편 공의회도 현행 교회법에 따라 남자들만 대표로 파견되며, 교황도 남성들에 의해서만 선출되는데, 이 모든 것은 이른바 하느님의 법이 아니라 그저 인간의 법일 따름이다.

전례 언어는 공동체가 근본적으로 동등한 남자들과 여자들로 구성되어 있음을 표현해야 하며, 그런 까닭에 호칭들로 '형제들' 또는 '하느님의 아들들'만 사용되어선 결코 안 되고, '자매들'과 '하느님의 딸들'도 함께 사용되어야 한다(양쪽이 함께 동등한 '하느님의 자녀들'이므로).

많은 곳에서 제한적으로만 허용되거나 아예 불가능한, 대학에서 여성들의 **가톨릭 신학 공부**가 더 장려되어야 한다. 교회와 신학이 많은 분야(특히 윤리, 또 그중에서도 성 윤리)에서 여성들 특유의 통찰들에 힘입어 발전하기 위해서는, 여성들에게 대학의 정규 신학 과정을 허용해야 하며, 교회 기관들은 (장학금, 학술 논문 출판 비용 보조 등에서) 여성 신학도들을 남자 신학도들과 똑같이 후원해야 한다.

남자들의 제도권 교회는 제2차 바티칸 공의회의 개혁 원칙들을 여러모로 가장 효과적으로 실천하는 **여자 수도회들**을 후원하기보다 오히려 저지하고 있다. 사제가 부족한데도, 수녀들이 공동체 지도 직무를 담당할 수 있는 길은 여전히 차단되어 있으며, 충분한 교육을 받을 수 있는 경제적 여건도 수녀들에겐 거의 허용되지 않는다(사제 지망생들에게는 교회 돈을 넉넉히 쏟아 붓는다). 특히 수녀 지원자들이 급속히 줄어들고 있는 상황을 직시한다면, 시정과 개선 대책들을 지금 당장 마련해야 한다.

사제 **독신제**는 현장에서 종종 사제와 여성 간에 부자연스러운 긴장 관계를 야기한다. 여성들은 흔히 그저 사제들을 유혹하는 성적 존재로 오인되고 있다. 이렇게 서품된 남자들의 결혼 금지와 여성들의 서품 금지는 서로 결부되어 있다. 성직자 독신법이 참으로 소명 받은 사람들이 스스로 선택하는 독신에 의해 대체되지 않는 한, 여성의 서품뿐 아니라 교회의 의결 기구들과 지도 기관들에서의 온전히 동료적인 협력도 이루어질 수 없다.

먼저 서방교회에서 폐지되고 후에 동방교회에서도 사라진, 초기 교회에서 확인되는 **여성 부제직**의 재도입은 바람직한 일이다. 그러나 이 조처가 충분한 것은 아니다. 여성 부제직의 허용이 또한 여성 사제직의 허용을 가능케 하는 것이 아니라면, 여성 부제직의 재도입은 남녀의 동등성으로 나아가지 않고 오히려 여성 사제 서품의 지연으로 귀결될 것이다. 또한 많은 가톨릭 공동체 안에 이미 존재하는, 전폭적으로 옹호해야 마땅한 여성들의 전례상 역할(미사의 복사·독서·성체 분배·강론 등)을 허용하는 것도, 교회가 수행하는 주요 직무에 여성들을 온전히 통합시키는 길로 나아가는 중요한 조처가 될 수 있다. 그러나 이렇게 조처한다 해도 여성의 온전한 사제 서품에 대한 요구는 여전히 유효하다.

사실 **여성 사제직**을 반대할 엄정한 신학적 근거들은 어디에도 없다. 예수의 열두 제자단이 오로지 남성들로만 이루어진 것은, 당시의 사회문화적 상황을 감안하여 이해해야 한다. 여성 배제의 전통적 이유들(여자에 의해 세상에 죄가 들어왔다, 여자는 남자보다 늦게 창조되었다, 여자는 하느님의 모상으로 창조되지 않았다, 여자는 교회의 온전한 구성원이 아니다, 기타 생리와 관련된 금기 등)은 예수를 근거로 끌어댈 수 없으며, 여성에 대한 원칙적인 신학적 비방을 증언해 줄 따름이다. 원교회 여성들(포이베, 프리스카 등)의 지도적 역할과 오늘날 경제·학문·문화·국가·사회에서 완전히 달라진 여성의 지위를 고려하건대, 여성 사제직 허용을 더는 미루어선 안 된다. 예수와 초기 교회는 여성의 소중한 가치를 인정함에 있어서 자신들의 시대보다 앞서 있었으나, 오늘날의 가톨릭교회는 자기 시대와 다른 그리스도 교회들보다 훨씬 뒤에서 절뚝거리고 있다.

가톨릭교회가 여성의 서품처럼 이미 오랫동안 숙제였던 개혁들을, 보수적인 '자매교회들'의 더 심한 유보를 구실로 내세워 미룬다면, 이는 **교회일치운동**을 그릇되이 이해한 것이다. 그런 교회들을 구실로 이용하는 대신, 오히려 자기 쪽에서 개혁을 재촉해야 한다. 이 문제에서 여러 개신교회는 가톨릭교회의 본보기가 될 수 있다. 오랜 세월 가톨릭교회는 이론과 실천에서 여성을 폄하·모욕해 왔고, 다른 한편으로는 또한 철저히 이용해 왔다. 지금이야말로 교회 안에서도 여성들에게 마땅한 존엄성과 적절한 법적·사회적 지위를 보장해 주어야 할 때다.

12. 포기하지 말자!

나는 이 논제들을 이미 25년 전인 1976년 7월 16일 '푸블릭 포룸'Publik-Forum에서 제기했었다. 지금 우리는 성공을 기뻐할 수 있을까? 아니면 실패에 절망해야 할까? 세분하여 평가해야 마땅할 것이다. 개인, 부부, 공동체, 신학대학 차원에서 많은 것이 변화되었다: 남편과 아내의 동료성, 역할 분담, 딸들의 양육과 직업교육, 부모의 임무와 가사의 의무에 대한 아들들의 준비, 출산 계획, 전례 언어, 본당·교구 차원의 많은 의결 기구에 여성들의 참여, 여성들의 가톨릭 신학 연구 등등 ….

그러나 로마의 남성 중심 교권제도가 군림하고 있는 곳에서는 많은 것이 전혀 변하지 않았다. 피임 허용, 낙태에 대한 세분화된 판단, 국가와 세계 차원의 의결 기구들에 여성들의 적절한 참여, 수녀원 개혁, 독신제 폐지, 여성 부제직 재도입, 여성 사제직 도입, 교회일치운동에서의 실질적 진전 등, 통계와 경험으로 입증되는, 특히 여성들과 청소년들이 체념한 나머지 갈수록 로마 가톨릭교회를 떠나고 있는 사실에 대해 놀랄 이유도 거짓눈물을 흘릴 까닭도 없다.

냉정하게 확언하건대, 나는 로마 교권제도가 각성하기를 바라며 또다시 25년을 기다려야만 할 터이고, 그래도 필경 근본적인 변화는 체험하지 못할 것이다. 나만이 아니라 상당수 사람들도 그럴 것이다. 하지만 우리는 모든 희망을 거슬러 희망한다!

또한 우리는 계속 앞으로 나아갈 것이다. 교회는 '아래로부터' 살아갈 것이고, '저 위에 있는 교회'는 그 옛날 '마녀들' 또는 민주주의와 인권에 맞선 투쟁에서 패배한 것처럼, 여성들의 동등권을 저지하는 투쟁에서도 조만간 패배할 것이다. 여성들은 이미 스스로 이 투쟁에 몸 바치고 있다.

나의 길을 꿋꿋이 걸어갈 수 있도록 거듭 새삼 격려해 주었던 전 세계의 수많은 여성에게, 특히 수십 년간 곁에서 기쁨과 고통을 함께하며 나의 연구 작업을 적극 뒷받침해 주었던 여성들[23]에게 진심 어린 감사의 말을 전하면서 이 책을 끝맺고자 한다.

주

1장 원그리스도교의 여성

1 원공동체에 관한 사회학적 연구: M. WEBER, *Gesammelte Aufsätze zur Religionssoziologie*, Bd. III: *Das antike Judentum*, Tübingen 1920, 특히 부록 Die Pharisäer, 401-42; G. THEIßEN, *Studien zur Soziologie des Urchristentums*, Tübingen ³1989, 특히 Teil II: Evangelien. 물론 "유랑 설교자" 예수상은 한 전승(주로 Q)에만 근거해서 그려져서는 안 된다. 더 광범한 사회·정치적 맥락: E. STAMBAUGH - D.L. BALCH, *The New Testament and Its Social Environment*, Philadelphia 1986 = *Das soziale Umfeld des Neuen Testaments*, Göttingen 1992; H. KÜNG, *Kirche*, Kap. B: Unter der kommenden Gottesherrschaft. 원공동체에 관한 신학적 연구: P.V. DIAS, *Vielfalt der Kirche in der Vielfalt der Jünger, Zeugen und Diener*, Freiburg 1968; *Kirche. In der Schrift und im 2. Jahrhundert*, Freiburg 1974; G. HASENHÜTTL, *Charisma. Ordnungsprinzip der Kirche*, Freiburg 1969; J.J. BECKER u.a., *Die Anfänge des Christentums. Alte Welt und neue Hoffnung*, Stuttgart 1987 (특히 J. BECKER, C. COLPE, K. LÖNING의 논문); M. HENGEL, Das Problem der 'Hellenisie-

rung' Judäas im 1. Jahrhundert nach Christus, in: *Judaica et Hellenistica. Kleine Schriften* I, Tübingen 1996, 1-90; L. SCHENKE, *Die Urgemeinde. Geschichtliche und theologische Entwicklungen*, Stuttgart 1990; J. ROLOFF, *Die Kirche im Neuen Testament*, Göttingen 1993.

2 아피온 논박 2,201; 참조: J. JEREMIAS, *Neutestamentliche Theologie*, Bd. I, 217-8.

3 마르 15,40-1 병행구; 루카 8,1-3; 참조: 사도 1,14. 참조: E. STAGG - F. STAGG, *Women in the World of Jesus*, Philadelphia 1978; E. MOLTMANN-WENDEL, *Ein eigener Mensch werden. Frauen um Jesus*, Gütersloh 1980; F. QUÉRÉ, *Les femmes de l'Evangile*, Paris 1982; J. BLANK, Frauen in den Jesusüberlieferungen, in: G. DAUTZENBERG - H. MERKLEIN - K. MÜLLER (Hrsg.), *Die Frau im Urchristentum*, Freiburg 1983, 9-91(부활 증인인 여인들과 예수의 어머니에 관한 논문 수록); B. WITHERINGTON, *Women in the Ministry of Jesus. A Study of Jesus' Attitudes to Women and Their Roles as Reflected in His Earthly Life*, Cambridge 1984.

4 루카 10,38-42; 요한 11,3.5.28-29.36.

5 참조: 마르 3,13-14.

6 참조: 1코린 15,5-7.

7 마르 15,40-41 병행구; 15,47 병행구.

8 참조: 마르 3,31-35 병행구; 10,29-30 병행구.

9 루카 16,18.

10 참조: 1코린 7; 참조: *Die Frau im Urchristentum*, Kap. VII에 수록된 H. MERKLEIN의 논문.

11 E. SCHÜSSLER FIORENZA, *In Memory of Her. A Feminist Theological Reconstruction of Christian Origins*, New York 1983 = *Zu ihrem Gedächtnis ··· Eine feministisch-theologische Rekonstruktion der christ-*

lichen Ursprünge, Mainz 1988, 183. 참조: *Jesus, Miriam's Child, Sophia's Prophet. Critical Issues in Feminist Christology*, New York 1994 = *Jesus – Miriams Kind, Sophias Prophet. Kritische Anfragen feministischer Christologie*, Gütersloh 1997.

12 E. SCHÜSSLER FIORENZA, *Zu ihrem Gedächtnis*, 186. "Argumentum e silentio"의 한계에 관해서는 S. HEINE의 날카로운 논평 참조: Brille der Parteilichkeit. Zu einer feministischen Hermeneutik, in: *Evangelische Kommentare 23* (1990), 354-7.

13 E. SCHÜSSLER FIORENZA, *Zu ihrem Gedächtnis*, 186.

14 같은 책, 189.

15 같은 책, 165-6

16 사도 4,32.

17 참조: 사도 21,9.

18 마르 9,35; 10,43 병행구.

2장 초기 교회의 여성

1 참조: E. KÄSEMANN, Amt und Gemeinde im NT, in: *Exegetische Versuche und Besinnungen* I, Göttingen 1960, 109-34. 카리스마: M. HENGEL, *Nachfolge und Charisma. Eine exegetisch-religionsgeschichtliche Studie zu Mt 8,21f und Jesu Ruf in die Nachfolge*, Wien 1968; G. HASENHÜTTL, *Charisma. Ordnungsprinzip der Kirche*, Freiburg 1969; U. BROCKHAUS, *Charisma und Amt. Die paulinische Charismenlehre auf dem Hintergrund der frühchristlichen Gemeindefunktionen*, Wuppertal 1972; J. HAINZ, *Ekklesia – Strukturen paulinischer Gemeinde-Theologie und Gemeinde-Ordnung*, Regensburg 1972.

² 갈라 3,27-28. 최근 많이 다루어지는 **신약성경의 여성**에 관한 90쪽짜리 문헌 목록: I.M. LINDBOE, *Women in the New Testament. A Select Bibliographie*, Oslo 1990. 앞서 거듭 인용한 E. SCHÜSSLER FIORENZA, *Zu ihrem Gedächtnis* 외에도 특히, O. BANGERTER, *Frauen im Aufbruch. Die Geschichte einer Frauenbewegung in der Alten Kirche. Eine Beitrag zur Frauenfrage*, Neukirchen 1971; E.M. TETLOW, *Women and Ministry in the New Testament*, New York 1980; R. RIEPLHUBER, *Die Stellung der Frau in den neutestamentlichen Schriften und im Koran*, Altenberge 1986; B. WITHERINGTON, *Women in the Earliest Churches*, Cambridge 1988; *Women and the Genesis of Christianity*, Cambridge 1990; B. BOWMAN THURSTON, *The Widows. A Women's Ministry in the Early Church*, Minneapolis 1989; N. BAUMERT, *Antifeminismus bei Paulus? Einzelstudien*, Würzburg 1992; *Frau und Mann bei Paulus. Überwindung eines Mißverständnisses*, Würzburg 1992; C.S. KEENER, *Paul, Women and Wives. Marriage and Women's Ministry of the Letters of Paul*, Peabody/Mass 1992 등을 참조하라.

³ 참조: 로마 16,1-16.

⁴ "*diákonos*"와 "*prostátis*": E. SCHÜSSLER FIORENZA, *Zu ihrem Gedächtnis*, 218-20.

⁵ 참조: 로마 16,7.

⁶ U. WILCKENS, *Der Brief an die Römer*, Bd. III, Zürich 1982, 135.

⁷ 참조: 1테살 5,12; 로마 16,6.12.

⁸ 필리 4,2-3.

⁹ 참조: 로마 16,3; 1코린 16,19; 사도 18,2.18.19.26.

¹⁰ 참조: 1코린 16,19; 2티모 4,19.

¹¹ 1코린 11,5.

¹² 에페 2,20.

13 E. SCHÜSSLER FIORENZA, *Zu ihrem Gedächtnis*, 235.
14 참조: M. KÜCHLER, *Schweigen, Schmuck und Schleier. Drei neutestamentliche Vorschriften zur Verdrängung der Frauen auf dem Hintergrund einer frauenfeindlichen Exegese des Alten Testaments im antiken Judentum*, Fribourg 1986.
15 참조: 1코린 11,3.
16 참조: 1코린 14,34-35.
17 1티모 2,11-12.
18 참조: 로마 16,7. 상론: B. BROOTEN, "Junia ⋯ hervorragend unter den Aposteln"(Röm 16,7), in: E. MOLTMANN-WENDEL (Hrsg.), *Frauenbefreiung. Biblische und theologische Argumente*, München 1978, 148-51; V. FABREGA, War Junia(s), der hervorragende Apostel (Röm 16,7), eine Frau?, in: *Jahrbuch für Antike und Christentum* 27/28 (1984/85), 47-64. U. WILCKENS의 로마서 주석은 여기서 제시하는 논지를 수용하고 있다(*Der Brief an die Römer*, 135).
19 참조: R. ALBRECHT, *Das Leben der heiligen Makrina auf dem Hintergrund der Thekla-Traditionen. Studien zu den Ursprüngen des weiblichen Mönchtums im vierten Jahrhundert in Kleinasien*, Göttingen 1986, Kap. 5; A. JENSEN (Hrsg.), *Thekla, die Apostolin – Ein apokrypher Text neu entdeckt*, Freiburg 1995.
20 참조: 요한 19,25-27.
21 참조: 마르 16,9-11; 요한 20,11-18.
22 참조: E. MOLTMANN-WENDEL, *Ein eigener Mensch werden. Frauen um Jesus*, Gütersloh 1980, Kap. 3: Maria Magdalena.
23 영지주의에서 여성의 역할: A. JENSEN, *Gottes selbstbewußte Töchter. Frauenemanzipation im frühen Christentum?*, Freiburg 1992, 367-71.
24 참조: W. BAUER, *Rechtgläubigkeit und Ketzerei im ältesten Christen-*

tum, Tübingen 1934. (1964년 G. STRECKER가 증보판을 발간함.)

25 지금까지 본보기로 인정받고 있는 훌륭한 역사적 연구서: A. v. HARNACK, *Marcion, das Evangelium vom fremden Gott* (1920). 1960년 Darmstadt 에서 출간된 3판에는 부록 Neue Studien zu Marcion이 추가되었다. 그 밖의 새로운 연구서: J. KNOX, *Marcion and the New Testament. An Essay in the Ealry History of the Canon*, Chicago 1942; E.C. BLACKMAN, *Marcion and his Influence*, London 1948. K. BEYSCHLAG의 깔끔한 요약: Marcion von Sinope, in: *Gestalten der Kirchengeschichte*, Bd. I, Stuttgart 1984, 69-81.

26 P. WILSON-KASTNER u.a. (Hrsg.), *A Lost Tradition. Women Writers of the Early Church*, Washington 1981은 PERPETUA, PROBA, EGERIA, EUDOKIA의 글에 서문과 주석을 달아 한 권으로 엮은 책이다.

27 K. THRAEDE, Frau, in: *Reallexikon für Antike und Christentum*, Bd. VIII, Stuttgart 1972, 특히 197-269, 인용은 240-1. 초기 그리스도교를 포함한 고대의 여성: G. DUBY - M. PERROT (Hrsg.), *Storia delle donne in occidente*, Bd. I (hrsg. v. P. SCHMITT PANTEL), Rom 1990 = *Geschichte der Frauen*, Bd. I, Frankfurt 1993 (초기 그리스도교 여성들에 관한 M. ALENXANDRE의 훌륭한 개관이 수록되어 있다).

28 튀빙겐 대학교 교회일치연구소(Institut für Ökumenische Forschung)에서는 폴크스바겐 재단(Stiftung Volkswagenwerk)의 지원을 받아, 내가 주관하고 엘리자벳 몰트만벤델 박사가 자문하는 연구 프로젝트 '여성과 그리스도교' (Frau und Christentum)를 수행했다. '첫 4세기 동안 그리스도교에 있어서의 성, 결혼 그리고 결혼의 대안'에 관한 연구는 안네 옌센이, '20세기 교회와 사회에서 여성 그리스도인의 실존'에 관한 연구는 도리스 카우프만이 담당했는데, 그 결과가 지금까지 두 권의 책으로 나왔다: Doris KAUFMANN, *Frauen zwischen Aufbruch und Reaktion. Protestantische Frauenbewegung in der ersten Hälfte des 20. Jahrhunderts*, München 1988;

Anne JENSEN, *Gottes selbstbewußte Töchter. Frauenemanzipation im frühen Christentum?*, Freiburg 1992.

29 초기 그리스도교 여성에 관한 모범적 연구서: A. V. HARNACK, *Die Mission und Ausbreitung des Christentums in den ersten drei Jahrhunderten*, Leipzig ⁴1924, 589-611; L. ZSCHARNACK, *Der Dienst der Frau in den ersten Jahrhunderten der christlichen Kirche*, Göttingen 1902; 이와 관련하여, 고대 교회의 여성 서품(R. GRYSON)과 서품 반대(I. RAMING)에 관한 중요한 연구들도 참조하라(상세한 서지사항은 A. JENSEN의 참고문헌 목록에 제시되어 있다); 초기 그리스도교 여성의 역할에 관한 원전 모음집은 여러 언어로 번역 · 주해되었다(O. BANGERTER, J. BEAUCAMP, M. IBARRA BENLLOCH, J. LAPORTE, C. MAZZUCCO, C. MILITELLO, S. TUNC); 무엇보다 미국 여성 해방 운동가들(E. CASTELLI, E. CLARK, R. KRAEMER, J.A. MCNAMARA, R. Radford RUETHER)의 선구적 연구들도 참조할 만하다.

30 참조: A. JENSEN, *Gottes selbstbewußte Töchter*, Kap. I: Frauen in den Kirchengeschichten: Die Entwicklung zur Männerkirche.

31 참조: 같은 책, Kap. II: Frauen im Martyrium: Mutige Bekennerinnen.

32 참조: 같은 책, Kap. III: Frauen in der Verkündigung: Charismatische Prophetinnen.

33 참조: 같은 책, Kap. IV: Erlösung durch Erkenntnis: Kluge Lehrerinnen.

34 K. THRAEDE, Frau, 244-5.

35 P. BROWN, Antiquité tardive, in: P. Ariès - G. Duby, *Histoire*, Bd. I, Paris 1985, 225-99, 인용은 265. 참조: *The Making of Late Antiquity*, Cambridge/Mass. 1978 = *Die Letzten Heiden. Eine kleine Geschichte der Spätantike*, Berlin 1986, 256.

3장 중세 교회의 여성

1 AUGUSTINUS, *In primam epistolam Joannis* VII,8. 참조: D. DIDEBERG, *Saint Augustin et la première éptîre de saint Jean. Une théologie de l'agapè*, Paris 1975.
2 참조: AUGUSTINUS, *De nuptiis et concupiscentia* 1,24-5.
3 참조: K.E. BØRRESEN, *Subordination et équivalance. Nature et rôle de la femme d'après Augustin et Thomas d'Aquin*, Oslo 1968, 특히 Kap. I,1-3.
4 회심 전후 아우구스티누스의 성관性觀: P. BROWN, *The Body and Society. Men, Women and Sexual Renunciation in Early Christianity*, New York 1988 = *Die Keuschheit der Engel. Sexuelle Entsagung, Askese und Körperlichkeit am Anfang des Christentums*, München 1991, 395-437. 아우구스티누스에게 성과 죄에 관한 이론은 매우 중요했으니, 칠십 노인이 되어서도 그는 요한 크리소스토무스의 후임인 아티쿠스Atticus콘스탄티노플 총대주교에게 (최근 발견된 편지에서) 이렇게 썼다:

"이 욕구(악한 '육의 욕구'를 의미)는 허용된 대상과 허용되지 않은 대상을 가리지 않고 타오릅니다. 이 욕구는 결혼의 욕구(concupiscentia nuptiarum)로 재갈 물리니, 후자는 전자에 종속되어 있지만, 전자가 허용되지 않은 대상을 향해 나아가는 것을 억제합니다. … 모든 정결은 마음의 법과 갈등을 일으키는 이 욕구와 맞서 싸워야 합니다. 부부의 정결은 이 육의 욕구가 올바로 사용되도록 하며, 금욕적인 총각과 처녀들은 영예로운 투쟁을 통해 이 욕구가 아예 사용되지 않도록 하는 것이 더 바람직합니다. 이 욕구가 낙원에서도 존재했다면, 놀라운 평화 속에서 의지의 명령을 결코 벗어나지 않았을 것입니다. … 부적절하고 허용되지 않은 쾌락에 대한 상념도 결코 정신에게 강요하지 않았을 것입니다. 이 욕구를 결혼을 통해 완화·절제하거나, 결과가 의심스러운 금욕적 노력을 통해 맞서 싸울 필요가 없었을 것입니다. 이 욕구가 과연 필요한 것이었다면, 오히려 자연스럽고 진정한 순종의 행위로써 인간의 의지를 따랐을 것입니다"(P. BROWN, *Keuschheit*, 434에서 재인용).

5 J.G. ZIEGLER, *Die Ehelehre der Pönitentialsummen von 1200-1350. Eine Untersuchung zur Geschichte der Moral- und Pastoraltheologie*, Regensburg 1956, 169.

6 참조: A. ANGENENDT, *Das Frühmittelalter. Die abendländische Christenheit von 400 bis 900*, Stuttgart 1990, 345-6. 부부 관계 억제와 성의 악마화에 관한 자료: J.G. ZIEGLER, *Ehelehre*, Teil IV.

7 이 견해에 대한 가톨릭 측의 비판: S.H. PFÜRTNER, *Kirche und Sexualität*, Hamburg 1972; *Sexualfeindschaft und Macht. Eine Streitschrift für verantwortete Freiheit in der Kirche*, Mainz 1992; G. DENZLER, *Die verbotene Lust. 2000 Jahre christliche Sexualmoral*, München 1988.

8 독일 성직자들의 이 문서를 제2차 바티칸 공의회 기간 중 빈Wien의 사목신학자 M. PFLIEGLER가 *Der Zölibat*에 이렇게 요약했고, 나는 그 문헌을 Theologische Meditationen (Einsiedeln 1965) 총서에 포함시켰다. 공의회 이후 가톨릭 독신제 비판의 선구 격이 된 문헌 *Der Zölibat*에 이어 독신제 비판서들이 꽤 많이 출간되었다[F. LEIST (1968), A. ANTWEILER (1969) 등]. 이 문제에 관한 역사적이고 규범적인 저작으로는 밤베르크의 가톨릭 교회사학자 G. DENZLER의 *Das Papsttum und der Amtszölibat*, Bd. I-II, Stuttgart 1973/76이 있고, 요약본으로는 *Die Geschichte des Zölibats*, Freiburg 1993을 꼽을 수 있다. 이 책에는 그레고리우스 개혁과 결부하여 성직자들에게 독신제를 강요했던 교회 문헌들뿐 아니라, 당시까지만 해도 합법적이었던 사제 부인들에 대한 끔찍한 배척 사례들도 인용되어 있다. 병적이라고밖에 할 수 없는 페트루스 다미아니Petrus Damiani의 사제 부인들에 대한 비방(58-62)을 읽어 보면, 그의 동료 추기경이었던 교황 그레고리우스 7세의 정치적 선동(64-74)도 좀 더 잘 이해할 수 있을 것이다. 교황

과 처음에는 소수였던 로마 측 주교들에 맞선 독일 성직자들의 대규모 저항은 결국 실패하고 말았다. 이에 관한 증거 자료들도 소중하다. 참조: A.L. BARSTOW, *Married Priests and the Reforming Papacy. The Eleventh-Century Debates*, New York 1982; G. DENZLER, *Die verbotene Lust. 2000 Jahre christliche Sexualmoral*, München 1988.

9 참조: THOMAS VON AQUIN, *Summa theologiae*, I q.92, a.1-4.

10 참조: 같은 책, II-II q.177, a.2. 일찍이 A. MITTERER는 토마스 아퀴나스의 남성 중심주의와 여성 폄하에 주목했다. 참조: A. MITTERER, Mann und Weib nach dem biologischen Weltbild des hl. Thomas und dem der Gegenwart, in: *Zeitschrift für katholische Theologie* 57 (1933), 491-556; *Die Zeugung der Organismen, insbesondere des Menschen nach dem Weltbild des hl. Thomas von Aquin und dem der Gegenwart*, Wien 1947.

11 THOMAS VON AQUIN, *Summa theologiae*, I q.92, a.1.

12 A. BLAISE (Hrsg.), *Lexicon latinitatis medii aevi*, Turnhout 1975에는 "occasionatus"가 1. causé occasionellement, 2. imparfait, manqué로 설명되어 있다. 참조: A. MITTERER, Mas occasionatus oder zwei Methoden der Thomasdeutung, in: *Zeitschrift für katholische Theologie* 72 (1950), 80-103.

13 참조: THOMAS VON AQUIN, *Sentenzen-Kommentar*, IV d.25, q.2, qla.1, ad 4.

14 참조: THOMAS VON AQUIN, *Summa theologiae*, 부록 q.39, a.1.

15 이단 활동이 한창이던 당시에 **평신도 설교**는 매우 도발적인 문제였다. 토마스는 설교직과 교도직, '학문과 지혜의 말씀 은사'가 **여성들**에 의해 '공적으로' 사용되는 것을 반대했는데, 각별히 내세운 논거들은 다음과 같다(참조: *Summa theologiae*, II-II q.177, a.2):

• 우선, 남성에게 종속된 여성의 조건: 교회의 공적 직무인 가르침은 "윗사

람들"(praelati)의 일이지, 종속된 사람들의 일이 아니다. 여자는 자기 성으로 말미암아 (하급 사제들처럼 우연적으로가 아니라) 본질적으로 종속된 사람들에 속한다.
- 다음으로, 설교하는 여자들 때문에 남자들이 육욕의 자극을 받는다["육욕"(concupiscentia 또는 libido)은 아우구스티누스 이래 끈질기게 따라다니는 주제였다!].
- 끝으로, 본디 여성들은 일반적으로 지혜와 관련된 일에 뛰어나지 못하며, 따라서 여성에게 공적 교도직을 맡기는 것은 온당치 않다.

16 참조: K.E. BØRRESEN, *Subordination et équivalence. Nature et rôle de la femme d'après Augustin et Thomas d'Aquin*, Oslo 1968 = *Subordination and Equivalence. The Nature and Role of Women in Augustine and Thomas Aquinas*, Washington 1981; Die anthropologischen Grundlagen der Beziehung zwischen Mann und Frau in der klassischen Theologie, in: *Concilium* 12 (1976), 10-7; DIES. (Hrsg.), *Image of God and Gender Models in Judaeo-Christian Tradition*, Oslo 1991. K.E. BØRRESEN - K. VOGT, *Women's Studies of the Christian and Islamic Traditions. Ancient, Medieval and Renaissance Foremothers*, Dordrecht 1993. 이 장章을 비롯한 여러 단락과 관련하여, 오슬로 대학 카리 뵈레센 박사의 통찰력과 유익한 제안에 진심으로 감사한다.

17 (뵈레센도 지적했지만) 여성 문제에서 **아우구스티누스와 토마스 사이**에는 중요한 **차이점들**이 있다. 아우구스티누스는 상세한 생리학 이론을 정립하지 못했지만, 토마스는 근본적으로 아리스토텔레스의 생리학에 의존하는데, 이 생리학이 여성에 관한 토마스의 기이한 진술의 원인을 제공했다. 토마스는 창조계에 대해 (아우구스티누스보다) 덜 비관적인 견해를 지녔기에, 성에 대해서도 더 긍정적인 입장을 취했다는 사실 또한 중요하다:
- 토마스는 아우구스티누스처럼 원초의 "낙원 같은" 창조계를 상정하고, 이 원론적 인간관을 내세우지 않았다. 육신의 관능적 감각은 본질적으로 인간

주 183

에게 주어져 있으며, "낙원 같은" 상태에서도 성교는 죄와 관계없이 존재했다. "자연스러운 욕구 충족은 전적으로 이성에 의해 다스려졌기 때문에, 오늘날 성행위와 결부된 쾌락보다 귀한 것이었다"(K.E. BØRRESEN, *Die anthropologischen Grundlagen*, 12; 참조: *Summa theologiae*, I q.98, a.1.2).

- 토마스는 아우구스티누스처럼 이른바 원죄로 말미암아 타락한 성과 그 부조리에 대한 강박적 두려움이 없었다. 그는 원죄와 성욕의 동일시를 삼갔다. "토마스는 생식(정자는 원죄의 전달에 도구적 원인으로서 작용한다)과 성욕(통상 성적 결합을 동반하지만, 원인적 요소는 **아니다**)을 구별함으로써 아우구스티누스 전통에서 벗어났다"(같은 책, 13. 참조: *Summa theologiae*, I-II q. 82, a.3; q.85, a.1).

- 토마스는 아우구스티누스처럼 성과 무질서한 욕구가 결혼생활에서 다산多産의 선善에 의해서만 정당화된다고 생각하지 않았다(부부의 이상적 사랑은 금욕적 사랑이다). "다산을 지향하는 것뿐 아니라 결혼생활을 욕정 구제의 수단으로 이용하는 것도 성행위를 죄에서 벗어나게 한다"(같은 책, 15. 참조: *Summa theologiae*, 부록, q.41, a.3; q.42, a.2; q.49, a.5).

J.B. BAUER는 "ligatio rationis in concubitu conjugali"에 대한 토마스의 주장에 주목했다. 참조: *Summa theologiae*, I-II q.34, a.1 ad 1; q.37, a.1 ad 2; q.72, a.2 ad 4; II-II q.150, a.4 ad 3; q.153, a.2.

18 중세의 **여성**: T. VOGELSANG, *Die Frau als Herrscherin im hohen Mittelalter. Studien zur "consors regni" Formel*, Göttingen 1954; M. BERNARDS, *Speculum virginum. Geistigkeit und Seelenleben der Frau im Hochmittelalter*, Köln 1955; G. KOCH, *Frauenfrage und Ketzertum im Mittelalter. Die Frauenbewegung im Rahmen des Katharismus und des Waldensertums und ihre sozialen Wurzeln (12.~14. Jahrhundert)*, Berlin 1962; I. RAMING, *Der Ausschluß der Frau vom priesterlichen Amt. Gottgewollte Tradition oder Diskriminierung? Eine rechtshistorisch-*

dogmatische Untersuchung der Grundlagen von Kanon 968 §1 *des Codex Iuris Canonici*, Köln 1973; J.M. FERRANTE, *Woman as Image in Medieval Literature from the Twelfth Century to Dante*, New York 1975; E. POWER, *Medieval Women*, Cambridge 1975 = *Als Adam grub und Eva spann, wo war da der Edelmann? Das Leben der Frau im Mittelalter*, Berlin 1984; M. BOGIN, *The Women Troubadours*, New York 1976; B.A. CARROLL (Hrsg.), *Liberating Women's History. Theoretical and Critical Essays*, Urbana 1976; F. GIES - J. GIES, *Women in the Middle Ages*, New York 1978; A. WOLF-GRAAF, *Frauenarbeit im Abseits. Frauenbewegung und weibliches Arbeitsvermögen*, München 1981; A. KUHN - J. RÜSEN (Hrsg.), *Frauen in der Geschichte*, Bd. II, Düsseldorf 1982~83; P. KETSCH, *Frauen im Mittelalter. Quellen und Materialien*, Bd. I: *Frauenarbeit im Mittelalter*; Bd. II: *Frauenbild und Frauenrechte in Kirche und Gesellschaft*, Düsseldorf 1983~84; A.M. LUCAS, *Women in the Middle Ages. Religion, Marriage and Letters*, Brighton 1983; I. LUDOLPHY, Frau (V): Alte Kirche und Mittelalter, in: *TRE*, Bd. XI, 436-41; E. ENNEN, *Frauen im Mittelalter*, München 1984, ⁴1991; D. HERLIHY, *Medieval Households*, Cambridge/Mass. 1985; M.C. HOWELL, *Women, Production, and Patriarchy in Late Medieval Cities*, Chicago 1986; M.B. ROSE (Hrsg.), *Women in the Middle Ages and the Renaissance. Literary and Historical Perspectives*, Syracuse 1986; B. FRAKELE - E. LIST - G. PAURITSCH (Hrsg.), *Über Frauenleben, Männerwelt und Wissenschaft. Österreichische Texte zur Frauenforschung*, Wien 1987; A. KUHN, Mittelalter, in: A. LISSNER - R. SÜSSMUTH - K. WALTER (Hrsg.), *Fauenlexikon. Traditionen, Fakten, Perspektiven*, Freiburg 1988, 749-60; S. SHAHAR, *Die Frau im Mittelalter*, Königstein 1988; F. BERTINI u.a., *Medioevo al femminile*, Bari 1989;

G. Duby - M. Perrot, *Storia delle donne in occidente*, Bd. II (hrsg. v. C. Klapisch-Zuber), Rom 1990 = *Geschichte der Frauen*, Bd. II: *Mittelalter*, Frankfurt 1993; J.B. Holloway - C.S. Wright - J. Bechtold (Hrsg.), *Equally in God's Image. Women in the Middle Ages*, New York 1990; C. Opitz, *Evatöchter und Bräute Christi. Weiblicher Lebenszusammenhang und Frauenkultur im Mittelalter*, Weinheim 1990; C. Walker Bynum, *Fragmentation and Redemption. Essays on Gender and the Human Body in Medieval Religion*, New York 1991; B. Lundt (Hrsg.), *Auf der Suche nach der Frau im Mittelalter. Fragen, Quellen, Antworten*, München 1991; R. Pernoud, *Leben der Frauen im Hochmittelalter*, Pfaffenweiler 1991; K.E. Børresen - K. Vogt, *Women's Studies*[현대 연구 동향에 대한 Børresen의 개관(13-127)은 특히 중요하다]. E. Gössmann이 엮은 원전 모음집 *Archiv für philosophie- und theologiegeschichtliche Frauenforschung*, München 1984~95도 귀중한 자료다(2001년 현재 8권 출간).

19 참조: 이 책 2장 8. 그리스도교에 의한 여성 해방?
20 참조: 이 책 3장 2. 성 윤리에서의 엄격주의.
21 J. LeGoff, *L'imaginaire médiéval. Essais*, Paris 1985, 123.
22 가령 이렇게 물을 수 있겠다: 당시의 '후견'(여성이라는 이유만의 후견)이란 구체적으로 무엇이었던가? 처음엔 아버지, 나중엔 남편이 행사하던 이 성적 후견이 여성에게 법적 자유와 행동의 자유를 허용했던가? 여자가 지참금도 가져오지 않고, 결혼 후 남편의 후견도 받지 않는 '자유 결혼'(Friedelehe) 같은 게르만족의 별난 결혼 형태는 어찌된 것인가? (엘베 강 하류의) 랑고바르드 지역 (그리고 아마도 프랑스와 영국)에서는 7세기에도 여성들이 재산을 스스로 관리·사용·증식시킬 수 있지 않았던가? 특히 중세 초기 농촌 가정에서는 남편과 아내의 동료 관계가 두드러지지 않았던가? 이런 문제들에 관해 판단을 내리기 어려운 까닭은, 우리가 매우 남성 중심적

인 관점으로 쓰인 문헌들에 근거해, 중세 여성의 사회적 지위보다는 법적 지위에 관해 더 잘 알기 때문이 아닐까?

23 E. ENNEN, *Frauen im Mittelalter*, 108.
24 같은 곳.
25 A. KUHN, Mittelalter, 753-4.
26 참조: M.C. HOWELL, *Women*.
27 A. KUHN, Mittelalter, 758-9.
28 참조: U. BAUMANN, *Die Ehe – ein Sakrament?*, Zürich 1988.
29 참조: Giorgio TOURN, *Geschichte der Waldenser-Kirche*, Kassel/Erlangen 1980, 18.
30 참조: R. KIECKHEFER, *Repression of Heresy in Medieval Germany*, Philadelphia 1979, Kap. 3: The War against Beghards and Beguines. 12세기 말 시작된 수녀원 문화의 쇠퇴: P.D. JOHNSON, *Equal in Monastic Profession. Religious Women in Medieval France*, Chicago 1991.
31 E. ENNEN, *Frauen im Mittelalter*, 245. 참조: M. SCHMIDT - K.E. BØRRESEN, Theologin (I-II), in: E. GÖSSMANN u.a. (Hrsg.), *Wörterbuch der Feministischen Theologie*, Gütersloh 1991, 396-415.
32 참조: E. GÖSSMANN, Hildegard von Bingen, in: M. GRESCHAT (Hrsg.), *Gestalten der Kirchengeschichte*, Bd. III, Stuttgart 1983, 224-37.
33 신비주의: 다소 오래되었지만 여전히 중요한 저작들(특히 C. BUTLER, J. BERNHART, W. PREGER) 외에 L. BOUYER u.a. (Hrsg.), *Histoire de la spiritualité chrétienne*, Bd. I-III, Paris 1960~66; K. RUH (Hrsg.), *Altdeutsche und altniederländische Mystik*, Darmstadt 1964; *Geschichte der abendländischen Mystik*, Bd. I-II, München 1990/93; L. COGNET, *Introduction aux mystiques rhéno-flamands*, Paris 1968 = *Gottes Geburt in der Seele. Einführung in die deutsche Mystik*, Freiburg 1980; F.-W. WENTZLAFF-EGGEBERT, *Deutsche Mystik zwischen Mittelalter*

und Neuzeit. Einheit und Wandlung ihrer Erscheinungsformen, Berlin ³1969; A.M. HAAS - H. STIRNIMANN, *Das "Einig Ein". Studien zu Theorie und Sprache der deutschen Mystik*, Fribourg 1980; J. SUDBRACK (Hrsg.), *Zeugen christlicher Gotteserfahrung*, Mainz 1981; *Mystik. Selbsterfahrung – kosmische Erfahrung – Gotteserfahrung*, Mainz 1988; G. RUHBACH - J. SUDBRACK (Hrsg.), *Große Mystiker. Leben und Wirken*, München 1984; DIES. (Hrsg.), *Christliche Mystik. Texte aus zwei Jahrtausenden*, München 1989; R. BEYER, *Die andere Offenbarung. Mystikerinnen des Mittelalters*, Bergisch Gladbach 1989; B. MCGINN, *The Foundations of Mysticism*, New York 1991; P. DINZELBACHER, *Mittelalterliche Frauenmystik*, Paderborn 1993.

34 참조: K. RUH, "Le miroir des simples âmes" der Marguerite Porete (1975), in: *Kleine Schriften*, Bd. II, Berlin 1984, 212-36; *Meister Eckhart. Theologe, Prediger, Mystiker*, München 1985, 95-114.

35 참조: E. GÖSSMANN, Die Geschichte und Lehre der Mystikerin Marguerite Porete(†1310), in: H, HÄRING - K.-J. KUSCHEL (Hrsg.), *Gegenentwürfe*, 69-79. 참조: K.E. BØRRESEN - K. VOGT, *Women's Studies*, 70-2.

36 마리아 공경의 역사: G. MIEGGE, *La Vergine Maria. Saggio di storia del dogma*, Torre Pellice 1950 = *Die Jungfrau Maria. Studie zur Geschichte der Marienlehre*, Göttingen 1962; W. TAPPOLET (Hrsg.), *Das Marienlob der Reformatoren. M. Luther, J. Calvin, H. Zwingli, H. Bullinger*, Tübingen 1962; W. DELIUS, *Geschichte der Marienverehrung*, München 1963; H. GRAEF, *Maria. Eine Geschichte der Lehre und Verehrung*, Freiburg 1964.

37 참조: H. DENZINGER, *Enchiridion* Nr. 111a; G. GALBIATI, *Il Concilio di Efeso. Alle origini dei dogmi e del culto di Maria nel tormentato clima*

del Concilio di Efeso, tappa miliare per l'avvento della mariologia, Genua 1977; S. BENKO, *The Virgin Goddess. Studies in the Pagan and Christian Roots of Mariology*, Leiden 1993.

38 참조: K.-J. KUSCHEL (Hrsg.), *Und Maria trat aus ihren Bildern. Literarische Texte*, Freiburg 1990.

39 마리아 교의에 성경적 근거가 결여되었다는 견해에 관해서: J. MCKENZIE, Die Mutter Jesu im Neuen Testament, in: E. MOLTMANN-WENDEL - H. KÜNG - J. MOLTMANN (Hrsg.), *Was geht uns Maria an? Beiträge zur Auseinandersetzung in Theologie, Kirche und Frömmigkeit*, Gütersloh 1988, 23-40. 같은 책, 72-87의 K.E. BØRRESEN, Maria in der katholischen Theologie는 마리아에 관한 이 두 새로운 교의가 "박약한 인간학적 전제들"에 근거하고 있음을 밝혔다. 교의와 신학의 역사에 정통한 뵈레센은 이렇게 주장한다. "그 교의들이 선험성을 고집할 수 없게 된다면 즉시 의미를 상실하여 이해되지 못할 것이다. 이 마리아 중심주의 언명들은 아버지 쪽의 생식 행위로 전달되는 원죄에 관한 아우구스티누스의 교설이나 육신 부활을 고대하는, 죽은 자의 불멸하는 이성적 영혼에 관한 고전적 이론에 의해 떠받쳐지지 못하면, 순전한 추측의 허공에 떠 있을 것이다"(81). 이 책에는 오늘날 마리아 연구를 유다교적 · 여성 신학적 · 비판론적 · 전통주의적 관점에서 조명하는 전문가들의 논문이 인용되어 있다.

40 C.J.M. HALKES, Maria – inspirierendes oder abschreckendes Vorbild für Frauen?, in: E. MOLTMANN-WENDEL u.a. (Hrsg.), *Was geht uns Maria an?*, 113-30, 인용은 114.

41 참조: E. DREWERMANN, *Kleriker. Psychogramm eines Ideals*, Freiburg 1989, 특히 Kap. II, B, 2d.

42 J. MOLTMANN, Gibt es eine ökumenische Mariologie?, in: E. MOLTMANN-WENDEL u.a. (Hrsg.), *Was geht uns Maria an?*, 15-22, 인용은 15. 참조: S. BEN-CHORIN, *Die Mutter Jesu in jüdischer Sicht*, 40-50.

⁴³ 루카 1,48.

⁴⁴ 참조: 마르 3,20-21.

⁴⁵ 성경의 실상: 앞서 인용한 J. MCKENZIE의 논문 외에 개신교와 가톨릭 학자들의 공동 연구: R.E. BROWN - K.P. DONFRIED - J.A. FITZMYER - J. REUMANN (Hrsg.), *Mary in the New Testament. A Collaborative Assessment by Protestant and Roman Catholic Scholars*, Philadelphia 1978 = *Maria im Neuen Testament. Eine ökumenische Untersuchung*, Stuttgart 1981.

⁴⁶ 참조: M. WARNER, *Alone of all her Sex. The Myth and the Cult of the Virgin Mary*, London 1976.

⁴⁷ C.J.M. HALKES, Maria가 페미니스트적 관점에서 이 점을 중시하는 것은 당연하다.

⁴⁸ 동정녀 탄생: 한스 큉 『믿나이다』 분도출판사 1999, 53-71. 예수 그리스도의 선재: K.-J. KUSCHEL, *Geboren vor aller Zeit? Der Streit um Christi Ursprung*, München 1990.

⁴⁹ 참조: 루카 1,38; 2,34-35.

⁵⁰ 루카 1,52.

⁵¹ (소설, 뮤지컬 그리고 통속문학의 소재로 곧잘 등장하는) 예수의 연인 혹은 심지어 아내에 관해 신약성경은 암시조차 하지 않는다. 몰트만벤델이 지나치게 강조되어 온 성모 '마리아' 전승에 맞서, 뒷전으로 밀려난 친구 '막달레나' 전승을 강조하는 것은 마땅한 일이라 하겠다. 그녀는 독일어권에서 누구보다 먼저 비판적·조직적으로 페미니스트적 관점을 옹호했다. 그녀에게서 받은 많은 자극에 감사한다. 참조: E. MOLTMANN-WENDEL, Maria oder Magdalena — Mutterschaft oder Freundschaft, in: DIES. u.a. (Hrsg.), *Was geht uns Maria an?*, 51-9.

⁵² 갈라 5,1.   ⁵³ 2코린 3,17.

⁵⁴ 갈라 3,28.

4장 종교개혁 시대의 여성

1 U. BAUMANN, *Die Ehe – ein Sakrament?*, Zürich 1988, 29-44, 특히 33-4.
2 G. SCHARFFENORTH, Im Geist Freunde werden ⋯ Die Beziehung von Mann und Frau bei Luther im Rahmen seines Kirchenverständnisses, in: DIES. *Den Glauben ins Leben ziehen ⋯ Studien zu Luthers Theologie*, München 1982, 122-202 중 162.
3 같은 책, 174.
4 같은 책, 162.
5 M. LUTHER, Welche Personen verboten sind zu ehelichen (1522), in: *Weimarer Ausgabe* X/2, 263-6, 인용은 266.
6 참조: DERS. An die Ratsherren aller Städte deutschen Lands, daß sie christliche Schulen aufrichten und halten sollen, in: *Weimarer Ausgabe* XV, 9-53.
7 참조: E. REICHLE, Reformation, in: A. LISSNER - R. SÜSSMUTH - K. WALTER (Hrsg.), *Frauenlexikon. Traditionen, Fakten, Perspektiven*, Freiburg 1988, 927-34. 종교개혁 시대 유럽 여성의 상황: R.H. BAINTON, *Women of the Reformation*, Bd. I: *In Germany and Italy*, Bd. II: *In France and England*, Bd. III: *From Spain to Scandinavia*, Minneapolis 1971~77.
8 참조: 이 책 3장 6. 가정 · 정치 · 경제에서의 여성.
9 참조: I. LUDOLPHY, Frau (VI. Reformationszeit), in: *TRE*, Bd. XI, 441-3; S.E. OZMENT, *When Fathers Ruled. Family Life in Reformation Europe*, Cambridge/Mass. 1983; L. ROPER, *The Holy Household. Women and Morals in Reformation Augsburg*, Oxford 1989.
10 참조: J. Dempsey DOUGLASS, *Women, Freedom, and Calvin*, Philadelphia 1985.

11 참조: R.L. GREAVES (Hrsg.), *Triumph over Silence. Women in Protestant History*, London 1985.

12 참조: P. CRAWFORD, *Women and Religion in England 1500~1720*, London 1993.

13 참조: M.P. HANNAY, *Silent but for the Word. Tudor Women as Patrons, Translators and Writers of Religious Works*, Kent 1985.

14 P. CRAWFORD는 이 여성들을 고찰하는 데 한 장章 전체를 할애한다.

15 참조: M. KOBELT-GROCH, *Aufsässige Töchter Gottes. Frauen im Bauernkrieg und in den Täuferbewegungen*, Frankfurt 1993.

16 참조: 도리스 카우프만에 대한 가톨릭 여성신학자의 평가: A. JENSEN, Im Kampf um Freiheit in Kirche und Staat: Die "Mutter des Quäkertums", Margaret Fell, in: H. HÄRING - K.-J. KUSCHEL (Hrsg.), *Gegenentwürfe. 24 Lebensläufe für eine andere Theologie*, München 1988, 169-80.

17 P. CRAWFORD, *Women and Religion*, 138.

18 같은 책, 139.

19 같은 곳.

20 R.L. GREAVES (Hrsg.), *Triumph over Silence*, 12.

21 특정 지역에서의 **마녀 사냥**에 관한 상세한 연구: B. ANKARLOO: 스웨덴; G. BADER: 스위스; W. BEHRINGER: 독일 남동부; G. BONOMO: 이탈리아; F. BYLOFF: 오스트리아; P.F. BYRNE: 아일랜드; G. HENNINGSEN: 바스크 지방; C. Larner: 스코틀랜드; A. MACFARLANE: 잉글랜드; R. MANDROU: 프랑스; H.C.E. MIDELFORT: 독일 남서부; E.W. MONTER: 프랑스와 스위스; J. TAZBIR: 폴란드; R. ZGUTA: 러시아. 독일 마녀 사냥에 관한 개관: G. SCHORMANN, *Hexenprozesse in Deutschland*, Göttingen 1981; Hexen, in: *TRE*, Bd. XV, 297-304. 풍부한 정보를 수록한 자료집: W. BEHRINGER (Hrsg.), *Hexen und Hexenprozesse in Deutschland*, München 1988, ²1993. 마녀 사냥에 관한 연구서: N.C. COHN, *Europe's Inner*

Demons. An Enquiry Inspired by the Great Witch-Hunt, London 1975; R. KIECKHEFER, *European Witch Trials. Their Foundations in Popular and Learned Culture, 1300~1500*, London 1976; H. DÖBLER, *Hexenwahn. Die Geschichte einer Verfolgung*, München 1977; M. HAMMES, *Hexenwahn und Hexenprozesse*, Frankfurt 1977; C. HONEGGER (Hrsg.), *Die Hexen der Neuzeit. Studien zur Sozialgeschichte eines kulturellen Deutungsmusters*, Frankfurt 1978; C. GINZBURG, *I Benandanti. Stregoneria e culti agrari tra Cinquecento e Seicento*, Turin 1966 = *Die Benandanti. Feldkulte und Hexenwesen im 16. und 17. Jahrhundert*, Frankfurt 1980; E. WISSELINCK, *Hexen. Warum wir so wenig von ihrer Geschichte erfahren und was davon auch noch falsch ist*, München 1986; R. VAN DÜLMEN (Hrsg.), *Hexenwelten. Magie und Imagination von 16.~20. Jahrhundert*, Frankfurt 1987; G. SCHWAIGER (Hrsg.), *Teufelsglaube und Hexenprozesse*, München 1987; H. Weber, *Kinderhexenprozesse*, Frankfurt 1991.

22 H. HAAG, *Vor dem Bösen ratlos?*, München 1978, 164. 참조: H. HAAG - K. ELLIGER, *Teufelsglaube*, Tübingen 1974, Kap. "Die Hexen".

23 예: THOMAS VON AQUIN, *Summa theologiae* II-II, q.93, a.2.

24 참조: J. SPRENGER - H. INSTITORIS, *Malleus maleficarum* (1487). 이 책의 독역본은 1906년 베를린에서 J.W.R. SCHMIDT가 처음으로 서문을 달아 삼부작으로 출간했고 1974년 재판이 나왔다. 마녀들이 일삼았다고 비난받던 음행과 성적 도착은 그리스도교 신자(특히 독신 사제)들에게 금지되어 있던 성적 욕망의 대리 만족 수단이었으리라는 것이 심리학적 가설인데, 이 책은 그것을 노골적으로 묘사했다. "마녀들은 생식 능력이나 사랑의 쾌락을 방해할 수 있다"(I, 127-36)거나 "주술을 부려 남자의 성기에 마법을 건다"(I, 136-45)고 그럴싸하게 꾸며 대고, "마녀들이 남자 성기에 마법을 걸어 떼가는 방법"(II, 78-87)에 관해 많은 사례를 제시해 가며 기술했다.

²⁵ 라틴어 원문: C. MIRBT - K. ALAND, *Quellen zur Geschichte des Papsttums und des römischen Katholizismus*, Bd. I, Tübingen ⁶1967, 282-3.
²⁶ G. SCHORMANN, Hexen, 303.
²⁷ C. HONEGGER, Hexen, in: A. LISSNER - R. SÜSSMUTH - K. WALTER (Hrsg.), *Frauenlexikon. Traditionen, Fakten, Perspektiven*, Freiburg 1988, 491-500, 인용은 498.
²⁸ 참조: F. VON SPEE, *Cautio criminalis, seu de processibus contra sagas* (1631) = *Cautio criminalis oder Rechtliche Bedenken wegen der Hexenprozesse*, Weimar 1939.

5장 근대와 포스트모던 시대의 여성

¹ 참조: I. KANT, Beobachtungen über das Gefühl des Schönen und Erhabenen (1764), in: *Werke*, Bd. I, 821-84, 인용은 851-2.
² 참조: J.J. BACHOFEN, *Das Mutterrecht. Eine Untersuchung über die Gynaikokratie der alten Welt nach ihrer religiösen und rechtlichen Natur*, Stuttgart 1861.
³ 「여성과 여성시민의 권리선언문」: H. SCHRÖDER - T. SAUTER, Zur politischen Theorie des Feminismus. Die Deklaration der Rechte der Frau und Bürgerin von 1791, in: *Aus Politik und Zeitgeschichte, Beilage zur Wochenzeitung Das Parlament* 48 (1977), 29-54, 인용은 51. 참조: L. DOORMANN, *Ein Feuer brennt in mir. Die Lebensgeschichte der Olympe de Gouges*, Weinheim 1993.
⁴ K. MARX - F. ENGELS, Manifest der Kommunistischen Partei, in: K. MARX, *Frühe Schriften*, Darmstadt 1971, Bd. II, 838-9.
⁵ 참조: F. ENGELS, *Der Ursprung der Familie, des Privateigentums und*

des Staats. Im Anschluß an Lewis H. Morgan's Forschungen, Zürich 1884.

6 참조: A. BEBEL, *Die Frau in der Vergangenheit, Gegenwart und Zukunft*, Zürich 1879(나중에 바뀐 제목: *Die Frau und der Sozialismus*).

7 '직업 신분제적 질서'는 1931년 비오 11세 교황의 두 번째 회칙 「40주년」 (*Quadragesimo Anno* = "*Rerum Novarum*" 반포 후 40년)에서도 주도적 가치였다. 오스트리아에서 1934~38년 일종의 '신분제 국가'를 건설하려는 시도가 있었고, 포르투갈·스페인·이탈리아에서는 신분제 국가식의 집합 의회를 설립하고자 했다.

8 M. GRESCHAT, *Das Zeitalter der Industriellen Revolution. Das Christentum vor der Moderne*, Stuttgart 1980, 236.

9 LEO XIII., 회칙 "*Immortale Dei*" (1885), in: E. MARMY (Hrsg.), *Mensch und Gemeinschaft in christlicher Schau. Dokumente*, Fribourg 1945, 833-907 중 867항.

10 LEO XIII., 회칙 "*Rerum Novarum*" (1891), in: E. MARMY (Hrsg.), *Mensch und Gemeinschaft*, 510-71 중 551항.

11 S.H. PFÜRTNER, Katholische Soziallehre, in: A. LISSNER - R. SÜSSMUTH - K. WALTER (Hrsg.), *Frauenlexikon. Traditionen, Fakten, Perspektiven*, Freiburg 1988, 1051-9, 인용은 1053.

12 1993년 알렌스바흐Allensbach 여론조사연구소가 '여성과 교회'라는 주제로 실시한 설문 조사에 따르면, 교회와의 '긴밀한 관계'를 시인한 가톨릭 여신자의 비율은 지난 10년간 40%에서 25%로 감소했다(개신교회에서도 물론 비슷하다). 한편 현장 교회에 대한 호감은 상당했다. 전체 가톨릭 여신자의 43%와 교회에 열심인 여성의 76%가 본당 공동체와 "좋은 경험"을 공유했고, 또 각기 69%와 80%가 자기 본당 사목자를 "좋게 생각한다"고 밝혔다.

13 참조: R.L. GREAVES (Hrsg.), *Triumph over Silence. Women in Protestant History*, Westport/Conn. 1985.

14 G. SCHARFFENORTH - E. REICHLE의 탁월한 개관 "Frau"(Neuzeit)와 "Frauenbewegung", in: *TRE*, Bd. XI, 443-67.471-81. 참조: M. PERROT (Hrsg.), *Histoire de la vie privée*, Bd. IV: De la Révolution á la Grande Guerre, Paris 1987 = *Geschichte des privaten Lebens*, Bd. IV: Von der Revolution zum Großen Krieg, Frankfurt 1992, 특히 Kap. II와 IV.

15 E. MOLTMANN-WENDEL, Christentum und Frauenbewegung in Deutschland, in: DIES. (Hrsg.), *Frauenbefreiung. Biblische und theologische Argumente*, München 1978(*Menschenrechte für die Frau*, München 1974의 개정판), 13-77, 인용은 25.

16 참조: D. KAUFMANN, *Frauen zwischen Aufbruch und Reaktion. Protestantische Frauenbewegung in der ersten Hälfte der 20. Jahrhunderts*, München 1988.

17 제2차 세계대전 후 미국에서 돌아온 튀빙겐 대학 현대사 교수이며 *Vierteljahreshefte für Zeitgeschichte*의 창간인인 H. ROTHFELS도 '현대사'의 기점을 제1차 세계대전의 종식으로 잡는다.

18 문화와 신학 여러 분야에서의 포스트모더니즘 논쟁에 대한 포괄적·비판적 평가: M. SCHNELL, *Die Herausforderung der Postmoderne-Diskussion für die Theologie der Gegenwart*, Diss. Tübingen 1994.

19 1981년 나의 세미나에서 다룬 Mary DALY의 *The Church and the Second Sex*, London 1968 = *Kirche, Frau und Sexus*, Olten 1970과 *Beyond God the Father: Toward a Philosophy of Women's Liberation*, Boston 1973은 당시 충격적 반향을 불러 일으켰다. 우리의 연구 프로젝트 'Frau und Christentum'에 도움을 주신 사계斯界의 권위자들에게 이 자리를 빌려 감사드린다.

20 E. MOLTMANN-WENDEL, *Christentum und Frauenbewegung*, 75. 유럽 여성신학 초창기(1960~75)의 주요 사건과 저작, 저자(주요 인사들만 거명하면: Gertrud HEINZELMANN, Elisabeth GÖSSMANN, Catharina HALKES, Elisabeth

Schüssler FIORENZA, Mary DALY, Kari E. BØRRESEN, Ida RAMING)에 대한 개관: Catharina HALKES, Towards a History of Feminist Theology in Europe, in: A. ESSER - L. SCHOTTROFF (Hrsg.), *Feministische Theologie im europäischen Kontext*, Kampen 1993, 11-37. 이 논문은 WCC의 1945년 이후 주요 활동과 저작들도 분류 · 정리했다. WCC는 협의 · 상담 · 출판(특히 1974년에 출간된 *Sexism in the 1970s*)을 통해, 개신교 진영에서 여성신학적 단초들의 실현에 결정적으로 기여했다.

21 참조: B. HÜBENER - H. MEESMANN (Hrsg.), *Streitfall Feministische Theologie*, Düsseldorf 1993.
22 참조: 갈라 3,28.
23 드러나지 않는 곳에서 나를 위해 엄청나게 중요한 작업들을 성심껏 돌봐 준 그들에게 감사드린다. 특히 내 개인 비서, 연구소 소속 비서, 세계 윤리 재단 소속 비서들이 없었더라면 내가 어떻게 50여 년 동안 학문 활동에 매진할 수 있었겠는가? 그들에게도 특별한 감사를 전한다.

한스 큉 HANS KÜNG

1928년 스위스 수르제에서 태어나 1948~1955년 교황청 그레고리오 대학에서 철학과 신학을 공부했다. 1954년 사제품을 받았고 이듬해 파리 소르본 대학과 가톨릭 대학에서 학업을 계속하여 1957년 신학박사 학위를 받았다. 1959년까지 스위스 루체른에서 사목 활동을 하다가 1960년 튀빙겐 대학교 기초신학 교수로 초빙되었다. 1962년 교황 요한 23세는 큉을 제2차 바티칸 공의회 고문顧問 신학자로 공식 임명했다. 1963~1996년, 큉은 튀빙겐 대학교 신학부 교의신학 및 교회일치 신학 정교수 겸 교회일치연구소장으로 봉직했다. 1968~1989년에는 뉴욕 유니언 신학대학을 시작으로 바젤·시카고·미시간·토론토·라이스 대학교의 초빙 교수를 역임했고, 케임브리지 대학교를 포함한 전 세계 15개 대학에서 명예 박사 학위를 받았다. 지난 수십 년간 그의 저술과 강연들은 가톨릭의 영역을 뛰어넘어 세계 신학계 전반에 강력한 도전이 되었다.

한스 큉의 주요 저서 [우리말 번역은 분도출판사 발간본]:

Rechtfertigung. Die Lehre Karl Barths und eine katholische Besinnung, Johannes/Benziger 1957.
Konzil und Wiedervereinigung. Erneuerung als Ruf in die Einheit, Herder 1960.
Strukturen der Kirche, Herder 1962.
Kirche im Konzil, Herder 1963.
Die Kirche, Herder 1967.
Wahrhaftigkeit. Zur Zukunft der Kirche, Herder 1968.
Menschwerdung Gottes. Eine Einführung in Hegels theologisches Denken als Prolegomena zu einer künftigen Christologie, Herder 1970.
Was ist Kirche?, Herder 1970 [이홍근 옮김 『교회란 무엇인가?』 1978].
Unfehlbar? Eine Anfrage, Benziger 1970.
Fehlbar? Eine Bilanz, Benziger 1973.
Christ sein, Piper 1974.
20 Thesen zum Christsein, Piper 1975.
Jesus im Widerstreit. Ein jüdisch-christlicher Dialog (P. Lapide와 공저) Calwer/Kösel 1976.
Existiert Gott? Antwort auf die Gottesfrage der Neuzeit, Piper 1978 [전반부: 성염 옮김 『신은 존재하는가? I』 1994].
Freud und die Zukunft der Religion, Piper 1978.
24 Thesen zur Gottesfrage, Piper 1979.
Die christliche Herausforderung. Kurzfassung von Christ sein, Piper 1980 [정한교 옮김 『왜 그리스도인인가?』 1982].
Kunst und Sinnfrage, Benziger 1980.

Ewiges Leben?, Piper 1982.
Christentum und Weltreligionen. Hinführung zum Dialog mit Islam, Hinduismus und Buddhismus (J. van Ess, H. von Stietencron, H. Bechert와 공저) Piper 1984.
Theologie – wohin? Auf dem Weg zu einem neuen Paradigma (D. Tracy와 공저) Benzinger 1984; Gütersloher Verlagshaus 1984.
Das neue Paradigma von Theologie. Strukturen und Dimensionen (D. Tracy와 공저) Benzinger 1984; Gütersloher Verlagshaus 1984.
Dichtung und Religion. Pascal, Gryphius, Lessing, Hölderlin, Novalis, Kierkegaard, Dostojewski, Kafka (W. Jens과 공저) Kindler 1985.
Theologie und Literatur. Zum Stand des Dialogs (W. Jens, K.-J. Kuschel과 공저) Kindler 1986.
Katholische Kirche – wohin? Wider den Verrat am Konzil (N. Greinacher와 공저) Piper 1986.
Theologie im Aufbruch. Eine ökumenische Grundlegung, Piper 1987.
Christentum und Chinesische Religion (J. Ching과 공저) Piper 1988 [이낙선 옮김 「중국 종교와 그리스도교」 1994].
Anwälte der Humanität. T. Mann – H. Hesse – H. Böll (W. Jens와 공저) Kindler 1989
Die Hoffnung bewahren. Schriften zur Reform der Kirche, Benziger 1990.
Projekt Weltethos, Piper 1990 [안명옥 옮김 「세계 윤리 구상」 1992].
Das Judentum, Piper 1991.
Mozart – Spuren der Transzendenz, Piper 1991.
Die Schweiz ohne Orientierung? Europäische Perspektiven, Benziger 1992.
Credo. Das Apostolische Glaubensbekenntnis – Zeitgenossen erklärt, Piper 1992 [이종한 옮김 「믿나이다」 1999].
Weltfrieden durch Religionsfrieden. Antworten aus den Weltreligionen (K.-J. Kuschel과 공저) Piper 1993.
Erklärung zum Weltethos. Die Deklaration des Parlamentes der Weltreligionen (K.-J. Kuschel과 공저) Piper 1993.
Das Christentum. Wesen und Geschichte, Piper 1994 [이종한 옮김 「그리스도교」 2002].
Große christliche Denker, Piper 1994.
Ja zum Weltethos. Perspektiven für die Suche nach Orientierung (Hg.) Piper 1995.
Menschenwürdig sterben. Ein Plädoyer für Selbstverantwortung (W. Jens와 공저, D. Niethammer, A. Eser 공동 기고) Piper 1995.
Weltethos für Weltpolitik und Weltwirtschaft, Piper 1997.

Wissenschaft und Weltethos (K.-J. Kuschel과 공저) Piper 1998.
Spurensuche. Die Weltreligionen auf dem Weg, Sachbuch Piper, 7 Videos Komplett-Media, CD-Rom Schroedel 1999.
Die Frau im Christentum, Piper 2001 [이종한 · 오선자 옮김 『그리스도교 여성사』 2011].
Kleine Geschichte der katholischen Kirche, Berliner Taschenbuch Verlag 2001.
Globale Unternehmen – globales Ethos. Der globale Markt erfordert neue Standards und eine globale Rahmenordnung (Hg.) FAZ-Verlag 2001.
Brücken in die Zukunft. Ein Manifest für den Dialog der Kulturen. Eine Initiative von Kofi Annan (Hg.) S. Fischer 2001.
Wozu Weltethos? Religion und Ethik in Zeiten der Globalisierung, Herder 2002.
Dokumentation zum Weltethos (Hg.) Piper 2002.
Friedenspolitik. Ethische Grundlagen internationaler Beziehungen (D. Senghaas와 공저) Piper 2003.
Der Islam, Piper 2004.
Weltethos christlich verstanden (Angela Rinn-Maurer와 공저) Herder 2005.
Der Anfang aller Dinge. Naturwissenschaft und Religion, Piper 2005 [서명옥 옮김 『과학과 종교』 2011].
Musik und Religion. Mozart – Wagner – Bruckner, Piper 2006.
Weltethos aus den Quellen des Judentums (Walter Homolka와 공저) Herder 2008.
Was ich glaube, Piper 2009.
Anständig wirtschaften. Warum Ökonomie Moral braucht, Piper 2010.
Ist die Kirche noch zu retten? Piper 2011.

이종한
고려대 사회학과와 서강대 대학원 종교학과를 졸업하고 독일 프라이부르크 대학교 신학부에서 수학했다. 『경향잡지』 기자, 서강대 · 성심여대 강사를 역임하고 현재 전문 번역가로 활동 중이다. 분도출판사에서 펴낸 역서로는 카알 바르트의 『볼프강 아마데우스 모차르트』, 메다르트 켈의 『교회는 어디로 가고 있는가?』, 한스 큉의 『믿나이다』, 『그리스도교』, 라이문트 슈바거의 『사냥꾼의 올가미에서 벗어나』, 클라우스 샤츠의 『보편공의회사』, 요아힘 그닐카의 『바울로』, 안셀름 그륀의 『사도 바오로와 그리스도 체험』 등이 있다.

오선자
가톨릭 대학교 신학부를 졸업하고 독일 아이히슈테트 대학교와 뮌스터 대학교에서 수학했다. 프란치스코 교육회관에서 근무했고, 현재 재단법인 '씨알' 사무국장으로 일한다.

1세기:
유다계 그리스도교

1/2세기: "교부들의 전승"
초기 가톨릭
그리스와 라틴 교부들

5세기:
7세기:
11세기: "교회 – 교황"
그레고리우스 개혁
중세 교황들
교회법

15세기: 르네상스

16세기: "하느님의 말씀 → 무류성"
종교개혁
트렌토 공의회

17/18세기: "이성"
자연과학과 국가론
계몽주의
미국과 프랑스의 혁명
민족주의 – 제국주의

19세기: "역사 – 진보"

20세기:
제1차 세계대전과 제2차 세계대전
다중심적 세계
세계교회협의회
탈식민주의 – 탈제국주의 시대
해방운동의 출현

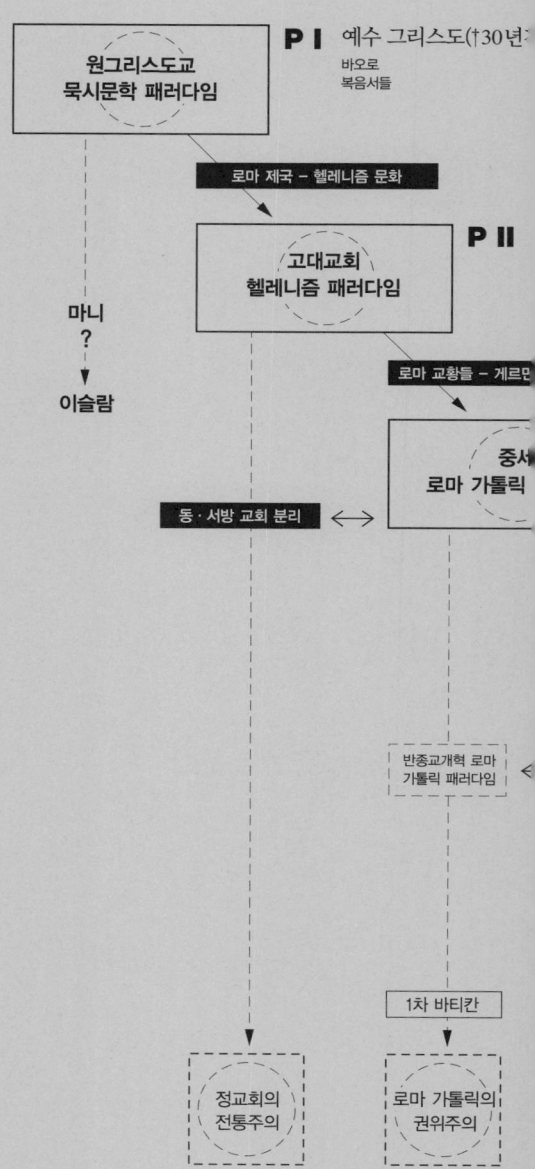

그리스도교의 패러다임 전환

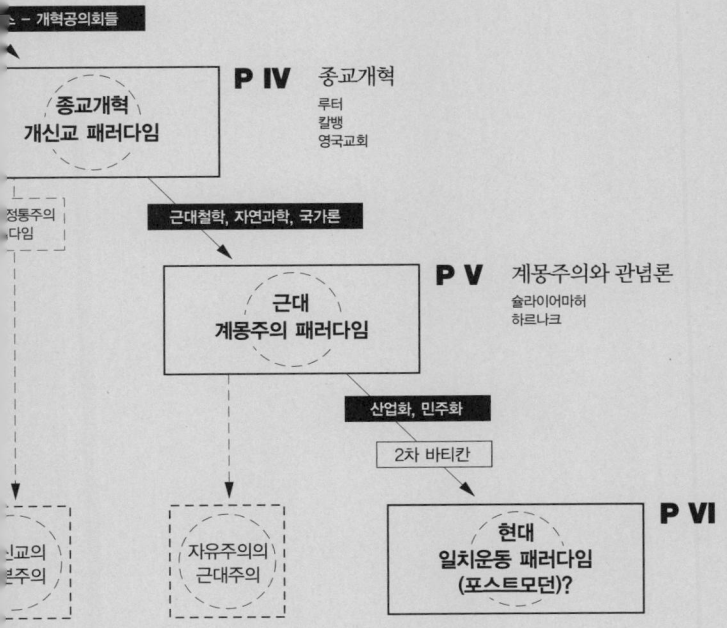